T0215491

Entwicklungsgerechte Befragung
von Kindern in Strafverfahren

Susanna Niehaus
Renate Volbert
Jörg M. Fegert

Entwicklungs- gerechte Befragung von Kindern in Strafverfahren

 Springer

Susanna Niehaus
Hochschule Luzern, Luzern, Schweiz

Renate Volbert
Charité Berlin, Berlin, Deutschland

Jörg M. Fegert
Universität Ulm, Ulm, Deutschland

ISBN 978-3-662-53862-3   ISBN 978-3-662-53863-0 (eBook)
DOI 10.1007/978-3-662-53863-0

Die Deutsche Nationalbibliothek verzeichnet diese Publikation in der Deutschen National-bibliografie; detaillierte bibliografische Daten sind im Internet über http://dnb.d-nb.de abrufbar.

Umschlaggestaltung: deblik Berlin
Fotonachweis Umschlag: © deblik Berlin

Gedruckt auf säurefreiem und chlorfrei gebleichtem Papier

Springer ist Teil von Springer Nature
Die eingetragene Gesellschaft ist: Springer-Verlag GmbH Deutschland
Die Anschrift der Gesellschaft ist: Heidelberger Platz 3, 14197 Berlin, Germany

Vorwort

Eine wesentliche Grundlage für den vorliegenden Text bildete ein von der Oberstaatsanwaltschaft des Kantons Zürich in Auftrag gegebenes Grundsatzgutachten[1] zur Befragung von Kindern. Da an die Verwertbarkeit von Aussagen aufgrund einer im deutschsprachigen Raum ähnlichen Rechtsprechung einerseits vergleichbare Anforderungen gestellt werden und andererseits Befragungsstandards in den drei deutschsprachigen Nachbarländern Österreich, (deutschsprachige) Schweiz und Deutschland fehlen, entstand die Idee, die grundlegende Herausforderung einer entwicklungsgerechten Befragung Minderjähriger länderübergreifend anzugehen und dabei gleichzeitig landesspezifische Rahmenbedingungen zu berücksichtigen. Ausgehend von einer vergleichenden Analyse der Gemeinsamkeiten und Unterschiede deutschsprachiger Länder hinsichtlich befragungsrelevanter strafprozessualer Maßnahmen zum Schutz minderjähriger Opferzeugen von Straftaten werden die für Befragungen Minderjähriger zentralen Erkenntnisse der Entwicklungspsychologie, der Entwicklungspsychopathologie und der Aussagepsychologie für die Praxis aufbereitet und konkrete Tipps für deren praktische Umsetzung gegeben. Ein angehängtes Glossar soll dazu dienen, unvermeidbare Fachbegriffe sowie landesspezifische Bezeichnungen zu erläutern und den Text damit für unterschiedliche Disziplinen und unabhängig von der Landeszugehörigkeit lesbar zu machen.

Da wesentliche aussagerelevante Entwicklungsschritte bei normaler Entwicklung mit dem 12. Lebensjahr abgeschlossen sind und von Vertretern der am Ermittlungs- und Strafverfahren beteiligten Berufsgruppen insbesondere Befragungen von jungen Kindern als sehr anspruchsvoll empfunden werden, wird hier besonders auf Kinder im Alter von 4–12 Jahren fokussiert, denn für diese Altersgruppe lassen sich aus entwicklungspsychologischen Erkenntnissen einige Besonderheiten der Befragung ableiten.

Dieses Buch richtet sich als Handreichung für die Praxis insbesondere an Personen, die mit der Durchführung der Erstbefragung von Minderjährigen betraut sind, welche berichten, Opfer oder Zeuge einer strafbaren Handlung geworden zu sein. Angesprochen wird also eine sehr heterogene Leserschaft, denn in der Schweiz sind dies speziell zu diesem Zweck ausgebildete Strafverfolger (Polizei wie Staatsanwaltschaft), in Deutschland überwiegend Polizeibeamte und in Österreich im schonenden Umgang mit Kindern geschulte

---

1 Niehaus, Weber, Ziegenhain und Fegert (2014). Zur altersgerechten Befragung Minderjähriger im Strafverfahren – insbesondere gemäß Artikel 154 StPO. Unveröffentlichte Expertise. In Auftrag gegeben durch den ehemaligen Leitenden Oberstaatsanwalt des Kantons Zürich, Dr. Andreas Brunner, Verwendung der entsprechenden Inhalte des Gutachtens für diese Publikation mit freundlicher Genehmigung durch den Leitenden Oberstaatsanwalt Herrn Beat Opplinger und Oberstaatsanwalt Herrn lic. iur. Martin Bürgisser.

Sachverständige (z. B. Kinderpsychiater, -psychologen oder -psychotherapeuten). Darüber hinaus kann diese Handreichung aber auch jenen Personen als Orientierung dienen, welche im weiteren Verlaufe eines Strafverfahrens minderjährige Aussagende befragen, und kann Staatsanwaltschaften, Gerichten sowie Verteidigung und Nebenklagevertretung auch Anhaltspunkte für eine evidenzbasierte Beurteilung der Qualität von Befragungssituationen bieten.

Susanna Niehaus, Renate Volbert und Jörg M. Fegert
Luzern/Berlin/Ulm im September 2016

Hinweis zum Text
Aus Gründen der besseren Lesbarkeit verwenden wir in diesem Buch überwiegend das generische Maskulinum. Dies impliziert immer beide Formen, schließt also die weibliche Form mit ein.

Inhaltsverzeichnis

Die Befragung Minderjähriger im Spannungsfeld zwischen Opferschutz und Strafverfolgung

Werden Minderjährige im strafrechtlichen Kontext befragt, geht es oftmals um deren Aussagen zu Beobachtungen von Straftaten sowie zu eigenen Missbrauchs- oder Misshandlungserlebnissen (Scheidegger 2006).

Für Kinder, die geltend machen, Opfer einer strafbaren Handlung geworden zu sein, und im Rahmen eines Strafverfahrens belastende Aussagen tätigen, wird im Folgenden der in der aussagepsychologischen Literatur übliche Begriff des „Opferzeugen" verwendet. Der Begriff „Zeuge" wird dabei in Anlehnung an Donatsch (2010) im juristisch untechnischen Sinne verwendet. Die Autoren verstehen diesen Begriff in Abgrenzung zur Kritik Rohmanns (2014) im Gegensatz zum Begriff des „Opfers" oder der „Geschädigten" bzw. „Verletzten" als hinsichtlich des Wahrheitsgehaltes der Bekundungen neutrale Bezeichnung, da es sich bei Opferzeugen um Personen handelt, die Zeugnis darüber ablegen, Opfer einer Straftat geworden zu sein. Der Begriff impliziert nach unserem Verständnis somit zunächst allein die Selbstzuschreibung der Opfereigenschaft, nicht jedoch deren Fremdzuschreibung.

In der Schweiz, in Österreich und in Deutschland berichtet jährlich eine nicht unbeträchtliche Anzahl von Kindern gegenüber Ermittlungsbehörden von Missbrauchs- oder Misshandlungserlebnissen. So werden beispielsweise allein in Zürich im Jahresmittel rund 250 Befragungen[1] gemäß Art. 154 der Schweizerischen Strafprozessordnung (StPO)[2] durchgeführt (Oertle 2009). Eine besondere Herausforderung stellen dabei Befragungen im Zusammenhang mit in Frage stehenden Straftaten gegen die sexuelle Integrität dar. Während körperliche Misshandlung oftmals sichtbare Spuren hinterlässt, ist dies bei sexuellem Missbrauch in der Regel nicht der Fall. Nur in einem sehr kleinen Teil der Verdachtsfälle sexuellen Kindesmissbrauchs finden sich eindeutige inkriminierende Beweismittel (etwa Spermaspuren), unbeteiligte Tatzeugen stehen bei derartigen Delikten in der Regel nicht zur Verfügung; es steht Aussage gegen Aussage. Oftmals liegt zudem von der beschuldigten Person außer einer Zurückweisung des Tatvorwurfs gar keine Aussage vor, wenn diese von ihrem Schweigerecht Gebrauch macht. Eine mögliche Verurteilung kann sich somit ausschließlich auf die belastende Aussage des Kindes stützen, sodass dessen Aussage besonderes Gewicht zukommt (Niehaus 2010; Oertle 2009; Steller 2008).

Von immenser Bedeutung ist in diesem Zusammenhang die professionelle Erhebung und Dokumentation der formellen Erstaussage. Dies gilt insbesondere für die Schweiz, gemäß deren Strafprozessordnung Kinder aufgrund besonderer Schutzrechte nach Möglichkeit nur einmal zur Sache befragt werden sollen (Sutter 2011).[3] Aber auch in Deutschland und Österreich kann die Qualität der ersten Befragung von entscheidender Bedeutung sein, zum einen für die Frage, ob überhaupt Anklage erhoben wird,

---

1   Seit Vereinheitlichung der Schweizerischen Strafprozessordnung im Jahre 2011 wird in der Schweiz einheitlich unabhängig vom Stand des Verfahrens der in den Nachbarländern unübliche Begriff der Einvernahme verwendet; aus Gründen der länderübergreifenden Lesbarkeit des Textes wird hier – sofern es nicht ausschließlich um das Schweizer Verfahren geht – der Begriff der Befragung gewählt, wobei hiermit jeweils die formelle Befragung gemeint ist.

2   Art. 154 der Schweizerischen StPO enthält spezielle Schutznormen für Aussagende, die zum Zeitpunkt ihrer Aussage das 18. Lebensjahr noch nicht vollendet haben (z. B. Videoeinvernahme).

3   In der Schweiz wird die sogenannte Standardisierte Erstbefragung (STEB), welche im Vorfeld eines Ermittlungsverfahrens stattfinden kann, in erster Linie von Sozialarbeitenden durchgeführt. Die STEB gilt nicht als erste Befragung im Sinne des Opferhilfegesetzes, dessen Bestimmungen und die Anforderungen des Strafprozesses sollen aber beachtet werden, damit die Aufnahmen in einem etwaigen späteren Strafverfahren verwendet werden können.

und zum zweiten dann, wenn im weiteren Verlauf des Verfahrens die Bedeutung von Auslassungen, Ergänzungen und Widersprüchen zu späteren Angaben zu bewerten ist. Aufgrund der besonderen Bedeutung der ersten dokumentierten Aussagen beziehen sich die folgenden Ausführungen und Praxistipps auf formelle Erstbefragungen im Vorverfahren.

Befragungen durch Polizei und Staatsanwaltschaft dienen der Beweiserhebung im Vorverfahren, primäres Ziel ist eine möglichst umfassende Rekonstruktion des Sachverhalts, wobei dabei der besonderen Schutzbedürftigkeit des Opfers einer möglichen Straftat Rechnung getragen werden soll.[4] Avisiert werden sollte über das kurzfristige Ermittlungsziel der Sachverhaltsaufklärung hinaus zudem das Erlangen einer Aussage, die den Beweiserfordernissen eines gerichtlichen Verfahrens auch standhalten kann. Erst diese Perspektivenerweiterung gewährleistet, „dass in der Vernehmung auch solche Aussagebesonderheiten erkannt, zugelassen und dokumentiert werden, die im Hinblick auf das Ermittlungsziel prima vista irrelevant erscheinen mögen, für die Wirklichkeitsrekonstruktion in foro jedoch von hoher Beweis- und Belegkraft sind" (Greuel 2008, S. 229; vgl. auch Sutter 2011). Denn bei der eingangs beschriebenen Aussage-gegen-Aussage-Konstellation wird im Verlauf eines Strafverfahrens früher oder später die Frage der Glaubhaftigkeit der Angaben zentral. Und deren Beurteilung erfolgt in Deutschland, der Schweiz und in Österreich[5] – sei es im Einzelfall mit oder ohne Zuhilfenahme aussagepsychologischer Sachverständiger – unter Bezug auf den Aussageinhalt (zur rechtswissenschaftlichen Bewertung z. B. Berlinger 2014; Pfister 2008; zum aussagepsychologischen Ansatz selbst z. B. Volbert und Steller 2014).

Glaubhaftigkeit
Es kann in diesem Rahmen keine ausführliche Darstellung des aussagepsychologischen Ansatzes erfolgen. Eine kompakte Einführung in die Thematik bietet Volbert (2010). Da der methodische Ansatz jedoch nicht allein im juristischen Schrifttum oftmals missverstanden und mehr oder weniger auf ein Auszählen von Qualitätsmerkmalen in verschriftlichten Befragungsprotokollen reduziert zu werden scheint, sei wenigstens der zentrale methodische Ansatz hier kurz benannt.
Hinsichtlich der Frage der Glaubhaftigkeit ist grundsätzlich zu prüfen, ob die in Frage stehende Aussage auch anders als durch einen tatsächlichen Erlebnishintergrund zustande gekommen sein kann. Hierfür sind fallspezifische Gegenhypothesen zur Erlebnishypothese abzuklären (Niehaus 2010; Volbert et al. 2010), welche sich den folgenden übergeordneten Gegenhypothesen zuordnen lassen: der Hypothese einer absichtlichen Falschdarstellung (Lügenhypothese) und der Hypothese, es handle sich um eine subjektiv für wahr gehaltene, auf einer vermeintlichen Erinnerung basierende Darstellung bzw. eine Pseudoerinnerung (Suggestionshypothese). Die fallrelevanten Gegenhypothesen bilden in ihrer Gesamtheit die im deutschen, schweizerischen und österreichischen Schrifttum als „Nullhypothese" bezeichnete und bis zu deren Widerlegung geltende Grundannahme, es könnte sich um eine nicht erlebnisbegründete Aussage handeln.
Der aus der Inferenzstatistik stammende Begriff der „Nullhypothese" wurde für diesen Kontext etwas unglücklich gewählt und wird deshalb zuweilen missverstanden. Der Begriff bezieht sich auf ein statistisches, Hypothesen überprüfendes Verfahren, bei dem berechnete Angaben z. B. zur Sicherheit einer Unterschiedshypothese und Aussagen über Fehlerwahrscheinlichkeiten gemacht werden. Prüft man zwei Häufigkeitsverteilungen, z. B. in zwei Stichproben, wird die Nullhypothese („Es besteht kein Unterschied zwischen den beiden Stichproben") dann verworfen, wenn unter Berücksichtigung der vorher festgelegten Fehlerwahrscheinlichkeit eine unterschiedliche Verteilung festgestellt wird. Mit Über-

---

4   In der Schweiz soll dies beispielsweise formal durch das in Art. 154 StPO integrierte Opferhilfegesetz (OHG) sichergestellt werden.
5   Ebenso wie in den Niederlanden, England und Schweden (Köhnken 2004).

nahme des Begriffs der „Nullhypothese" soll verdeutlicht werden, dass nicht nur geprüft wird, ob die vorhandenen Informationen mit der Wahrannahme in Einklang zu bringen sind, sondern dass systematisch der Frage nachgegangen wird, ob die vorliegenden Informationen besser, ebenso gut, schlechter oder gar nicht mit anderen Annahmen (insbesondere der Lügen- oder der Suggestionshypothese) erklärt werden können. Es geht also um ein Abwägen der Wahrscheinlichkeit unterschiedlicher psychologischer Erklärungsmodelle, also letztlich um eine Priorisierung von Hypothesen aufgrund ihrer Kompatibilität mit den vorliegenden Befunden (Volbert 2012b). Bei der Glaubhaftigkeitsbegutachtung handelt es sich dagegen nicht um ein statistisches Testverfahren mit einer quantitativ abgesicherten Hypothesenüberprüfung. Deshalb wird hier in Anlehnung an Volbert (2010a) die bedeutungsgleiche Formulierung „Gegenhypothesen (bzw. Gegenannahmen) zur Erlebnisannahme bzw. Wahrannahme" präferiert.

Bei der Prüfung der Lügenhypothese gilt es, mit diagnostischen Mitteln abzuklären, ob die aussagende Person mit ihren spezifischen Kompetenzen und Erfahrungen unter den gegebenen Bedingungen der Aussageentstehung einerseits dazu in der Lage wäre, eine Aussage der vorliegenden Qualität auch ohne Erlebnisbezug vorzubringen, und ob andererseits auch in täuschungsstrategischer Hinsicht zu erwarten wäre, dass sie diese im Falle einer gezielten Falschaussage in der vorliegenden Art und Weise präsentieren würde. Allein im Zusammenhang mit diesem individuellen Kompetenz-Qualitäts-Abgleich unter Berücksichtigung täuschungsstrategischer Aspekte können Glaubhaftigkeitsmerkmale relevant werden, diese können somit ausschließlich der Widerlegung der Lügenhypothese dienen, sagen für sich genommen aber auch noch nichts über den Realitätsgehalt einer Aussage aus.

Es bleibt nämlich zu prüfen, ob Hinweise darauf vorliegen, dass es sich bei der vorliegenden Aussage um das Resultat suggestiver Prozesse handeln könnte. Hierfür sind die Bedingungen der Aussageentstehung sehr genau zu analysieren, die Aussagequalität hingegen ist nicht relevant. Erwähnt sei in diesem Zusammenhang zudem, dass nicht allein eine Beeinflussung durch Dritte bzw. Fremdsuggestion zu einer nicht realitätsbezogenen Aussage führen kann, wie dies beispielsweise die entsprechende Formulierung eines Entscheids des Schweizerischen Bundesgerichts zu Bedingungen, unter denen eine aussagepsychologische Begutachtung angezeigt sei, nahelegt (BGE 118 Ia 28, 31 f. E. 1c). Bei Jugendlichen und Erwachsenen gilt es vielmehr, eine mögliche Selbstinduzierung nicht realitätsgebundener Erinnerungen (Autosuggestion) zu prüfen (Volbert 2010a).

Hieraus ergeben sich insofern weitere Implikationen für die Befragungspraxis, als die Qualität und die Verwertbarkeit einer Aussage maßgeblich von den Bedingungen abhängen, unter denen diese zustande gekommen ist. Zur Sicherstellung einer späteren Verwertbarkeit erhobener Aussagen sind neben entwicklungspsychologischen und entwicklungspsychopathologischen nicht zuletzt spezifisch aussagepsychologische Erkenntnisse bei der Gestaltung einer Befragungssituation zu berücksichtigen. Nur dann, wenn Ermittelnde mit Qualitätsmerkmalen von Aussagen vertraut sind, können sie diese Qualitätsmerkmale im Rahmen einer Befragung überhaupt zulassen, indem sie beispielsweise bei vermeintlichen Nebensächlichkeiten nicht unterbrechen, spontane Präzisierungen zulassen und als solche dokumentieren oder Aussagende zeitlich ungeordnet berichten lassen, ohne die Aussage künstlich zu strukturieren. Andererseits gilt es etwa, Ermittelnde dafür zu sensibilisieren, dass sogenannte Glaubhaftigkeitsmerkmale ihre Bedeutung verlieren, wenn sie direkt erfragt werden. Durch kursierende Checklisten mit Glaubhaftigkeitsmerkmalen könnten diese nämlich hierzu verleitet werden (Niehaus 2007).

Fehler und Versäumnisse im Verlaufe des Vorverfahrens sind später bestenfalls noch unter Verlust wichtiger Beweispositionen zu revidieren (Füllkrug 1994; vgl. auch Melunovic 2017). Dies dürfte in besonderem Maße für Rechtssysteme gelten, in denen die Möglichkeit zur Erhebung der Angaben Minderjähriger aufgrund spezifischer Schutznormen stark reglementiert ist. So sollen Kinder gemäß Art. 154 der Schweizer StPO nach Möglichkeit einmal, höchstens aber zweimal zur Sache befragt werden, in der Praxis wird oftmals nur eine einzige (zur späteren Verwendung audiovisuell dokumentierte) Aussage erhoben, dies in der Regel sehr früh im Vorverfahren[6]. Auch wenn diese Beschränkung angesichts der in der StPO vorgenommenen Differenzierung „…, wenn eine schwere psychische Belastung durch die Einvernahme erkennbar ist" keineswegs als normativ anzusehen ist[7] (zum Ganzen Berlinger 2014), werden insbesondere unzulängliche Befragungen von Kindern beim Verdacht des sexuellen Missbrauchs nicht zuletzt aus diesem Grunde als besonders heikel angesehen (Walder und Hansjakob 2012). Mit der Verwendung der audiovisuellen Befragung als „Konserve" werden somit einerseits mögliche Belastungen durch eine Aussage vor Gericht – wie sie von kindlichen Opferzeugen im deutschen Strafverfahren erwartet werden – vermieden, andererseits steigen damit die Anforderungen an die Qualität der ein- bzw. zweimaligen Befragung enorm (vgl. Volbert und Pieters 1993), da der Ausgang des Strafverfahrens wesentlich von der Brauchbarkeit dieser audiovisuell dokumentierten Befragung abhängt (vgl. Oertle 2009; Scheidegger 2006).

Grundvoraussetzung des positiven Effekts dieser Schutzmaßnahme ist somit, dass die Vernehmungspersonen so ausgebildet sind, dass sie dazu in der Lage sind, gute, vollständige und weitestgehend suggestionsfreie Befragungen durchzuführen, da etwaige Fehler im Laufe des Verfahrens nicht mehr ausgeglichen werden können. Ist diese Voraussetzung nicht gegeben, können sich hieraus negative Konsequenzen für die Strafverfolgungspraxis ergeben (Volbert und Pieters 1993). Zentral wird somit die Frage, wie sich Aussagebedingungen herstellen lassen, die – unabhängig vom Erlebnisgehalt der Angaben – zur optimalen Nutzbarkeit[8] kindlicher Aussagen beitragen.

Für eine optimale Befragung von Kindern sind entwicklungspsychologische und entwicklungspsychopathologische Erkenntnisse von großer Bedeutung. Werden diese bei der Gestaltung der Befragung sorgfältig berücksichtigt, kann auch das Potenzial sehr junger Kinder ausgeschöpft werden, über Erlebnisse auszusagen. Befragungsbedingungen, die die Gefahr erhöhen, dass im Kern erlebnisbasierte Angaben kontaminiert werden und zurecht Beschuldigte dadurch nicht mehr verurteilt werden können oder dass Angaben insgesamt lediglich Resultat suggestiver Befragungen sind und nicht tatsächliche Erlebnisse beschreiben, sollten dabei unbedingt vermieden werden (Volbert 2014a).

Im Anschluss an einen ländervergleichenden Überblick zu besonderen Verfahrensbedingungen, die in der Schweiz, in Österreich und in Deutschland für minderjährige Geschädigte gelten, werden in den folgenden Kapiteln zunächst die besondere Situation von Kindern in Strafverfahren und Entlastungsmöglichkeiten unter Berücksichtigung der rechtlichen Situation in den Blick genommen. Es folgt sodann eine Beschreibung

---

6 Das Vorverfahren entspricht in Deutschland und Österreich dem Ermittlungsverfahren, in der Schweiz wird innerhalb des Vorverfahrens unterschieden zwischen dem polizeilichen Ermittlungsverfahren und dem staatsanwaltschaftlichen Untersuchungsverfahren.

7 Wehrenberg, BSK StPO (Basler Kommentar der Strafprozessordnung, Niggli et al. 2014), Art. 154 N 16.

8 Der Begriff der Nutzbarkeit ist hier neutral zu verstehen. Durch angemessene Aussagebedingungen wird sowohl die Chance erhöht, dass eine erlebnisbasierte Aussage substantiiert werden kann, als auch die Wahrscheinlichkeit erhöht, dass eine nicht erlebnisbasierte Aussage als solche identifiziert werden kann. Beide Möglichkeiten können im langfristigen Interesse der aussagenden Person liegen.

aussagerelevanter Kompetenzen und Aspekte, die unter Bezug auf entwicklungs- und aussagepsychologische sowie entwicklungspsychopathologische Forschungsbefunde und hinsichtlich ihrer Bedeutung für die Erstbefragung erörtert werden. In diesem Teil werden jeweils auch konkrete Tipps für die Gestaltung der Befragung gegeben. Den Abschluss bildet vor dem Hintergrund der aktuellen Diskussion über einheitliche Mindeststandards und grenzüberschreitende Schutzanordnungen innerhalb Europas ein Plädoyer für verbindliche Befragungsstandards.

Besondere Verfahrensbedingungen für minderjährige Opferzeugen in der Schweiz, in Deutschland und in Österreich

© Springer-Verlag GmbH 2017
Susanna Niehaus, Renate Volbert, Jörg M. Fegert,
Entwicklungsgerechte Befragung von Kindern in Strafverfahren,
DOI 10.1007/978-3-662-53863-0_2

Seit Einführung einer gesamtschweizerischen Strafprozessordnung im Jahre 2011 folgt das Strafverfahren in Deutschland, Österreich und der Schweiz prinzipiell einer ähnlichen Grundstruktur: Es wird zwischen einem Vorverfahren und einem Hauptverfahren unterschieden.

> **Das Vorverfahren dient der Sachverhaltsermittlung und Sicherung der Beweise.**

Wenn ein Anfangsverdacht einer Straftat vorliegt, ist durch die Strafverfolgungsbehörden zu prüfen, ob gegen einen Beschuldigten ein hinreichender Tatverdacht besteht, der die Erhebung einer Anklage rechtfertigt.

Dieser Verfahrensabschnitt fällt in Deutschland und Österreich in den Zuständigkeitsbereich der Staatsanwaltschaft, wobei ein erheblicher Teil der Ermittlungstätigkeit von der Polizei durchgeführt wird. In der Schweiz gliedert sich das Vorverfahren in das Ermittlungsverfahren, welches unter der Hoheit der Polizei läuft, und das Untersuchungsverfahren, das von der Staatsanwaltschaft geleitet wird (Art. 299 sowie Art. 306/307 der Schweizer StPO). Die Entscheidung über die Genehmigung bestimmter Zwangsmaßnahmen wie Hausdurchsuchungen oder Untersuchungshaft obliegt in diesem Verfahrensstadium speziellen für diese Phase zuständigen gerichtlichen Instanzen (Zwangsmaßnahmengerichten in der Schweiz; Ermittlungsrichtern in Deutschland, Haft- und Rechtsschutzrichtern in Österreich). Das Ermittlungsverfahren (DE/AU) bzw. Untersuchungsverfahren (CH) endet mit der Abschlussverfügung durch die Staatsanwaltschaft. In dieser erhebt sie entweder Anklage beim zuständigen Gericht oder sie stellt das Verfahren ein. Im Anschluss daran geht das Verfahren in die Verantwortung des zuständigen Gerichts über, das zunächst prüft, ob ein hinreichender Tatverdacht besteht, der die Eröffnung des Hauptverfahrens rechtfertigt; in Deutschland wird diese Phase Zwischenverfahren genannt. Ist dies der Fall, wird das Verfahren weiter fortgesetzt.

> **In allen drei Ländern wird im Hauptverfahren in Hauptverhandlungen durch Gerichte über Schuld oder Unschuld des Angeklagten entschieden und ein Urteil gefällt.**

Alle Länder kennen auch verkürzte Verfahren ohne Hauptverhandlung (Strafbefehlsverfahren DE/CH bzw. Mandatsverfahren AU). Deutliche Unterschiede bestehen aber zwischen den Ländern im Hinblick auf Prinzipien, die die Durchführung der **Hauptverhandlungen** bestimmen; besondere Bedeutung kommt hier der Rolle des Unmittelbarkeitsprinzips zu. Sowohl in Deutschland als auch in Österreich gilt dieser Prozessgrundsatz, welcher besagt, dass Richter im strafrechtlichen Erkenntnisverfahren ihre Entscheidungen ausschließlich auf solche Wahrnehmungen stützen dürfen, die sie während der Hauptverhandlung gemacht haben, und dass für den Beweis einer Tatsache stets das sachnächste Beweismittel heranzuziehen, somit eine Zeugenvernehmung also beispielsweise gegenüber der Verlesung eines Vernehmungsprotokolls immer zu bevorzugen ist (§§ 226 250 261 deutsche StPO; § 13 StPO-Österreich). Folglich müssen Zeugen, die bereits im Ermittlungsverfahren bei der Polizei eine Aussage gemacht haben, erneut im Rahmen der Hauptverhandlung aussagen. § 250 der deutschen StPO und § 13 der österreichischen StPO verbieten grundsätzlich, eine mögliche Vernehmung einer Auskunftsperson durch Verlesung eines Vernehmungsprotokolls zu ersetzen. In der Schweiz besteht für das Hauptverfahren dagegen grundsätzlich ein Prinzip der beschränk-

◘ Tab. 2.1 Rechtliche Rahmenbedingungen für die Befragung minderjähriger Opferzeugen in Deutschland, Österreich und der Schweiz

		Deutschland	Österreich	Schweiz
Vor-ver-fahren	Befragen-de Person	Polizei, StA, Ermittlungsrichter	Bei unter 14-Jährigen, deren Geschlechtssphäre verletzt worden sein könnte, „schonende" Befragung durch im Umgang mit Kindern geschulte Sachverständige obligatorisch	Bei unter 18-Jährigen: eigens zu diesem Zweck ausgebildete Strafverfolger (Polizei, StA)
	Besonder-heiten der Befragung	Audiovisuelle Aufzeichnung durch Ermittlungsrichter möglich / ggf. mit Befragungsmöglichkeit von StA und Verteidigung	Bei unter 14-Jährigen in der Regel schonende, kontradiktorische Vernehmung, audiovisuelle Übertragung in einen anderen Raum, über Vernehmungsperson vermittelte Befragungsmöglichkeit von StA und Parteien	Einvernahme in einem hierfür eingerichteten Raum, audiovisuelle Übertragung in einen anderen Raum, in dem ein Spezialist (Sicherstellung kindgerechter Befragung), die StA und die Parteien vertreten sind und dem Einvernehmenden Fragen mitgeben können
	Protokol-lierung	Übliches schriftliches Vernehmungsprotokoll / wird von Minderjährigen nicht gelesen und nicht gegengezeichnet Audiovisuelle Aufzeichnungen sind möglich	Audiovisuelle Aufzeichnung der kontradiktorischen Vernehmung	Audiovisuelle Aufzeichnung, wenn keine Konfrontation mit dem Beschuldigten; in der Praxis werden Aussagen von Kindern grundsätzlich audiovisuell dokumentiert

◻ Tab. 2.1 Fortsetzung

		Deutschland	Österreich	Schweiz
Hauptverfahren	Reguläre Situation	Vernehmung in HV	Vernehmung in HV, wobei die im Ermittlungsverfahren geltenden Bestimmungen grundsätzlich anzuwenden sind	Entscheidung zwar grundsätzlich im freien Ermessen des Gerichts, ob Opferzeuge in der HV aussagen muss; in der Praxis werden minderjährige Opferzeugen in der HV aber de facto nicht gehört
	Vermeidung der Befragung von Minderjährigen in HV	Vorspielen der Aufzeichnung der *ermittlungsrichterlichen* Vernehmung mit ersetzender Wirkung möglich	Vorspielen der Aufzeichnung der kontradiktorischen Vernehmung sowie Verlesung des Protokolls mit ersetzender Wirkung möglich	Siehe oben
	Bei Befragung in HV:	Vernehmung in HV / audiovisuelle Übertragung aus anderem Raum möglich; (dann Zeugen in anderem Raum, andere Beteiligte im Gerichtssaal)	Schonende, kontradiktorische Vernehmung besonders schutzbedürftiger Zeugen mittels audiovisueller Übertragung möglich	Siehe oben
	- Ausschluss der Öffentlichkeit	Soll bei Zeugen unter 18 Jahren ausgeschlossen werden, wenn der Untersuchungsgegenstand eine Sexualstraftat ist	Kann vor der Erörterung des persönlichen Lebensbereichs ausgeschlossen werden	Kann ausgeschlossen werden
	- Ausschluss des Angeklagten	Kann ausgeschlossen werden	Kann ausgeschlossen werden	Konfrontation muss vermieden werden

● Tab. 2.1 Fortsetzung

	Deutschland	Österreich	Schweiz
Weige-rungs-rechte	- Verwandtschaft - Mögliche Selbstbelastung	- Verwandtschaft - Mögliche Selbstbelastung - Einzelne Fragen den höchst persönlichen Lebensbereich betreffend - Für das Opfer unzumutbare Einzelheiten der strafbaren Handlung, wenn diese die sexuelle Integrität verletzt haben könnte - Für unter 14-Jährige: Aussagebefreiung nach kontradiktorischer Vernehmung unter Beteiligung der Parteien - Bei Straftaten gegen die Geschlechtssphäre Aussagebefreiung nach kontradiktorischer Vernehmung unter Beteiligung der Parteien	- Verwandtschaft - Mögliche Selbstbelastung - Absolutes Aussageverweigerungsrecht für Fragen, welche die Intimsphäre betreffen; d. h. auch Angaben zu in Frage stehenden sexuellen Handlungen (gilt altersunabhängig für alle Opferzeugen in Frage stehender Sexualstraftaten) Für unter 16-Jährige gilt: Grundsätzlich müssen sie gar keine Aussage machen, wenn sie nicht wollen
Recht auf psycho-soziale Pro-zess-beglei-tung	ab 01.01.2017	Ja	Ja

HV Hauptverhandlung, StA Staatsanwaltschaft.

ten Unmittelbarkeit (Art. 343 und Art. 350 der Schweizer StPO). Das bedeutet, dass eine umfassende Abklärung des Sachverhalts im Vorverfahren stattfindet, das Gericht sich grundsätzlich auf die bereits erhobenen Beweise stützt, vor allem die Einhaltung der Verfahrensrechte im Vorverfahren kontrolliert und allenfalls nachbessert, wo dies erforderlich ist. Das Gericht kann also auch ordnungsgemäß erhobene Beweismittel nochmals persönlich abnehmen, muss das aber nicht tun; es entscheidet darüber in freiem Ermessen. Ein Grund für die nochmalige Anhörung eines persönlichen Beweismittels kann sein, dass der persönliche Eindruck des Zeugen von Bedeutung ist, z. B. in Aussage-gegen-Aussage-Konstellationen, bei denen die Glaubhaftigkeit der Aussage zentral ist. Aus Gründen, die im Folgenden weiter ausgeführt werden, wird bei minderjährigen Opferzeugen von dieser Möglichkeit jedoch praktisch kein Gebrauch gemacht.

Das zunehmende öffentliche Interesse am Schutz von Opfern hat in vielen Ländern, so auch in den drei hier relevanten deutschsprachigen Ländern, zu Modifikationen strafprozessualer Regelungen für als besonders vulnerabel erachtete Gruppen von Opferzeugen (vor allem Kinder und Opfer von Sexualstraftaten) geführt, die Abweichungen von den oben genannten Prinzipien erlauben. Teilweise spielen bei den Reformen auch supranationale Vorgaben eine Rolle (vgl. Graf van Kesteren 2015). Im Folgenden werden zentrale Rahmenbedingungen für die Vernehmung Minderjähriger referiert, bezüglich derer sich in Deutschland, Österreich und der Schweiz bedeutsame Unterschiede finden lassen. In ◘ Tab. 2.1 werden die für Vernehmungen bzw. Einvernahmen Minderjähriger als zentral erachteten Rahmenbedingungen für die drei Länder zunächst vergleichend gegenübergestellt.

2.1   Deutschland

Unabhängig vom Alter werden Opferzeugen im Rahmen eines Ermittlungsverfahrens regulär von der Polizei vernommen, zusätzlich können staatsanwaltschaftliche und ermittlungsrichterliche Vernehmungen durchgeführt werden. Vor dem Hintergrund des oben erläuterten Unmittelbarkeitsprinzips werden regelmäßig auch minderjährige Opferzeugen in Strafverfahren gehört, wenn ihre Aussage für die Beurteilung des Sachverhalts zentral ist. Im Rahmen von unter Opferschutzgesichtspunkten motivierten gesetzgeberischen Reformen sind jedoch Ausnahmemöglichkeiten geschaffen worden, auf die im Folgenden eingegangen wird.

Das erste Gesetz zur Verbesserung der Stellung des Verletzten im Strafverfahren (Opferschutzgesetz) wurde in Deutschland im Jahr 1986 verabschiedet. Es folgten eine Reihe weiterer Reformmaßnahmen; zuletzt wurde am 03.12.15 das 3. Opferrechtsreformgesetz beschlossen, das einen Anspruch auf psychosoziale Prozessbegleitung für minderjährige Opfer von Straftaten vorsieht. Eine der – zumindest theoretisch – bedeutendsten strafprozessualen Maßnahmen für die Vernehmung minderjähriger Opferzeugen, die Regelung zur **Videovernehmung**, trat 1998 mit dem Zeugenschutzgesetz in Kraft: In Verfahren wegen Straftaten gegen die sexuelle Selbstbestimmung oder gegen das Leben, wegen Misshandlung von Schutzbefohlenen oder wegen Straftaten gegen die persönliche Freiheit **kann** die Vernehmung eines Zeugen unter 18 Jahren durch die **Vorführung der Videoaufzeichnung** seiner früheren richterlichen Vernehmung ersetzt werden. Dies ist dann möglich, wenn der Angeklagte und die Verteidigung Gelegenheit hatten, an dieser mitzuwirken. Eine ergänzende Vernehmung des Zeugen ist aber zulässig (§ 255a Abs. 2 S. 4 StPO). Ferner besteht die Möglichkeit einer **Simultanübertragung** der Aussage aus einem anderen Raum in die Hauptverhandlung (§ 247a Abs. 1 StPO), falls die dringende Gefahr eines schwerwiegenden Nachteils für das Wohl des Zeugen besteht, wenn er in Gegenwart der in der Hauptverhandlung Anwesenden vernommen wird.

Seit Inkrafttreten des Gesetzes zur Stärkung der Rechte von Opfern sexuellen Missbrauchs (StORMG) am 01.09.2013 **soll** nun (bis dahin: **kann**) eine Videoaufzeichnung der richterlichen Vernehmung erfolgen, wenn die schutzwürdigen Interessen von Personen unter 18 Jahren oder Personen, die als Kinder oder Jugendliche durch eine der in §255a StPO genannten Straftaten (gegen die sexuelle Selbstbestimmung oder gegen das Leben, gegen die persönliche Freiheit sowie Misshandlung von Schutzbefohlenen) verletzt worden sind, besser gewahrt werden können oder wenn zu erwarten ist, dass die Vernehmung für die geschädigte Person mit einer besonderen Belastung verbunden sein wird oder der Zeuge in der Hauptverhandlung nicht vernommen werden kann.

Die Verwendung der Videoaufzeichnung als Ersatz der Vernehmung in der Hauptverhandlung ist vor allem mit dem Ziel eingeführt worden, eine aus Mehrfachvernehmungen resultierende Belastung zu reduzieren und minderjährigen Opferzeugen eine Vernehmung in einer Hauptverhandlung zu ersparen. Da bislang aber keine systematische Evaluation dieser Gesetzgebung erfolgt ist, liegen keine Erkenntnisse vor, inwieweit dieses Ziel tatsächlich erreicht worden ist. Aufgrund von Praxiserfahrungen (beispielsweise Sachverständigentätigkeit der Autorinnen Volbert und Niehaus) ist sicher davon auszugehen, dass Aussagen von Minderjährigen in deutschen Hauptverhandlungen weiterhin die Regel sind und das Vorspielen von Videoaufnahmen mit ersetzender Wirkung eine vermutlich relativ seltene Ausnahme darstellt (vgl. auch Kipper 2001; Swoboda 2002). Nichtrepräsentative kleinere Untersuchungen legen sogar die Vermutung nahe, dass es statt zu einer Reduzierung sogar zu einer Ausweitung von Vernehmungen durch ermittlungsrichterliche Videoaufzeichnungen gekommen sein könnte, da zwar Videokonserven erstellt, diese aber nicht mit ersetzender Wirkung in der Hauptverhandlung genutzt werden (zusammenfassend Volbert 2012a).

Wenn die Vernehmung des Geschädigten im Beisein anderer Prozessbeteiligter in der Hauptverhandlung stattfindet, besteht die Möglichkeit, den **Angeklagten während einer Vernehmung aus dem Sitzungszimmer zu entfernen**, wenn zu befürchten ist, ein Zeuge werde bei seiner Vernehmung in Gegenwart des Angeklagten nicht die Wahrheit sagen, oder wenn bei der Vernehmung eines Zeugen unter 18 Jahren in Gegenwart des Angeklagten ein erheblicher Nachteil für das Wohl des Zeugen zu befürchten ist oder wenn bei einer Zeugenvernehmung einer mindestens 18-jährigen Person in Gegenwart des Angeklagten die dringende Gefahr eines schwerwiegenden Nachteils für ihre Gesundheit besteht (§ 247 StPO).

Gemäß § 172 GVG **kann** das Gericht die **Öffentlichkeit** immer **ausschließen**, wenn ein Zeuge unter 18 Jahren vernommen wird. Darüber hinaus kann die Öffentlichkeit gemäß § 171b GVG Abs. 1 ausgeschlossen werden, soweit Umstände aus dem persönlichen Lebensbereich eines Prozessbeteiligten, eines Zeugen oder eines durch eine rechtswidrige Tat Verletzten zur Sprache kommen, deren öffentliche Erörterung schutzwürdige Interessen verletzen würde. Die besonderen Belastungen, die für Kinder und Jugendliche mit einer öffentlichen Hauptverhandlung verbunden sein können, sind dabei explizit zu berücksichtigen. Entsprechendes gilt bei volljährigen Personen, die als Kinder oder Jugendliche durch die Straftat verletzt worden sind. Laut Absatz 2 **soll** die Öffentlichkeit ausgeschlossen werden, soweit in Verfahren wegen Straftaten gegen die sexuelle Selbstbestimmung oder gegen das Leben, wegen Misshandlung von Schutzbefohlenen oder wegen Straftaten gegen die persönliche Freiheit ein Zeuge unter 18 Jahren vernommen wird.

Die **Nebenklagemöglichkeiten** entwickelten sich mit Einführung des zweiten Opferschutzgesetzes zu einer umfassenden strafprozessualen Reform. Demnach können sich Opfer und Angehörige von Opfern bestimmter Straftaten (Gewalt, Tötungs- und Sexualdelikte) dem Strafverfahren als Nebenkläger anschließen (§ 395 Abs. 1 StPO). Dem Nebenkläger ist auf seinen Antrag kostenlos ein Rechtsanwalt als Beistand zu bestellen, wenn er Opfer eines Gewalt-, Tötungs- oder Sexualdeliktes geworden ist, bei Antragstellung oder zur Zeit der Tat das 18. Lebensjahr noch nicht vollendet hatte oder seine Interessen selbst nicht ausreichend wahrnehmen kann (§ 397 StPO). Darüber hinaus haben alle Opfer das Recht, **Beistand durch einen geeigneten Rechtsanwalt** zu erhalten (§ 406f/g StPO).

Im Zuge von Erweiterungen der **Informationspflicht** der Strafverfolgungsbehörden gegenüber Verletzten sind Verletzte nunmehr möglichst frühzeitig, regelmäßig schriftlich und soweit möglich in einer für sie verständlichen Sprache auf ihre Rechte (Nebenklage, vermögensrechtliche Ansprüche, Ansprüche nach dem Opferentschädigungsgesetz, Opferhilfeeinrichtungen) im Verfahren hinzuweisen (§ 406h StPO). Einstellung oder Ausgang des gerichtlichen Verfahrens müssen Opferzeugen auf Antrag mitgeteilt werden, soweit es sie betrifft. Bei begründetem Antrag wird auch über ein Verbot zur Kontaktaufnahme, über freiheitsentziehende Maßnahmen, Vollzugslockerungen oder Urlaub für den Beschuldigten informiert (§ 406d StPO).

Kürzlich wurde der Anspruch auf **psychosoziale Prozessbegleitung** geregelt. In dem am 21. Dezember 2015 verabschiedeten 3. Opferschutzreformgesetz ist ein Rechtsanspruch auf eine kostenlose psychosoziale Prozessbegleitung für Kinder und Jugendliche sowie vergleichbar schutzbedürftige Personen von Gewalt- und Sexualstraftaten vorgesehen. Bisher bestand für die Strafverfolgungsbehörden nur die Pflicht, Geschädigte auf das Angebot der psychosozialen Prozessbegleitung hinzuweisen. Die Regelungen zur psychosozialen Prozessbegleitung treten am 1. Januar 2017 in Kraft.

Weigerungsrechte bestehen in Deutschland nur bei Aussagen gegen Verwandte oder für den Fall, dass man sich mit wahrheitsgemäßen Angaben selbst belasten würde. Fragen, die persönliche Lebensbereiche des Zeugen betreffen, sollen nur gestellt werden, wenn sie unerlässlich sind (§ 68a StPO). Werden die Fragen zugelassen, müssen sie aber beantwortet werden.

2.2   Österreich

Über das Strafprozessreformgesetz und das Strafprozessreformbegleitgesetz wurde in Österreich im Jahre 2004 die Stellung des Opfers grundlegend neu geregelt und in den folgenden Jahren traten weitere Änderungen in Kraft. Es wurden im Zuge der Reformen allen Opfern von Straftaten (§ 65 Abs. 1c StPO) neue Rechte zugesprochen. Verbunden mit der Stellung als Opfer sind etwa die Rechte, sich während des gesamten

Prozesses vertreten zu lassen, Akteneinsicht zu nehmen, Übersetzungshilfe in Anspruch zu nehmen, sich an kontradiktorischen Vernehmungen zu beteiligen und Fragen zu stellen, sowie das grundlegende Recht auf Information. Opfer, die durch eine vorsätzlich begangene Straftat Gewalt oder gefährlicher Drohung ausgesetzt oder in ihrer sexuellen Integrität beeinträchtigt worden sein könnten (§ 65 Z 1 lit. a StPO) haben ebenso wie Angehörige der Opfer von Tötungsdelikten (§ 65 Z 1 lit. b StPO) und Opfer von Gewalt in Wohnungen (§ 38a SPG) besondere Rechte. Darüber hinaus gelten minderjährige Opfer, Opfer von Sexualstraftaten und Opfer von Gewalt in Wohnungen als besonders schutzbedürftig.

Im gegebenen Kontext sind vor allem die Regelungen zur **schonenden Behandlung** von Opferzeugen von Bedeutung, die u. a. das Recht auf Beiziehung einer Vertrauensperson zu Vernehmungen im Ermittlungsverfahren beinhalten; bei Opferzeugen unter 14 Jahren sowie psychisch kranken oder geistig behinderten Personen ist dies zwingend vorgeschrieben (§ 160 Abs. 2 und 3 StPO).

Zum Schutz von Opferzeugen existieren außerdem Regelungen zur **schonenden Vernehmung** (§ 165 Abs. 3 StPO). Es kann bei kontradiktorischer Vernehmung zur Beschränkung der Beteiligung der Prozessparteien kommen oder ein Sachverständiger mit der Befragung des Zeugen beauftragt werden. Dabei ist von Amts wegen besondere Rücksicht auf das geringe Alter oder den seelischen und gesundheitlichen Zustand des Zeugen zu nehmen. Wurde durch die dem Beschuldigten zur Last gelegte Straftat eine unter 14-jährige Person möglicherweise in ihrer Geschlechtssphäre verletzt, ist diese zwingend in schonender Art und Weise zu vernehmen. Die Befragung soll in diesen Fällen durch einen Sachverständigen durchgeführt werden (§ 165 Abs. 3 und 4 StPO), der im schonenden Umgang mit Kindern geschult ist; in Betracht kommen hierfür Kinder- und Jugendpsychologen, -psychotherapeuten oder -psychiater sowie Angehörige sonstiger Sozialberufe (z. B. Pühringer 2016; Seiler 2005). Andere Opferzeugen, die das 14. Lebensjahr noch nicht vollendet haben, Personen, die im Verfahren gegen einen Angehörigen (§ 72 StGB) aussagen sollen (§ 156 Abs. 1 Z 1 StPO) und ältere Opferzeugen, die durch die Straftat in ihrer Geschlechtssphäre verletzt worden sein könnten (§ 156 Abs. 1 Z 2 2. Alt. StPO), haben die Möglichkeit, eine schonende Vernehmung zu beantragen. Ziel der schonenden Vernehmung ist die Vermeidung des Zusammentreffens von (Opfer-)Zeugen, dem Beschuldigten und anderen Beteiligten. Gleichzeitig bleibt das Fragerecht der Parteien durch die Verwendung der audiovisuellen Übertragung in einen anderen Raum (§ 165 Abs. 1–3 StPO) gewahrt, wird aber auf ein beiderseits zumutbares Minimum reduziert. In der Hauptverhandlung sind die Regelungen des § 165 StPO auch anzuwenden, und es können auch die übrigen Opfer gemäß § 65 Z 1 lit. a StPO (Gewaltopfer, Opfer gefährlicher Drohung) eine schonende Vernehmung beantragen (§ 250 Abs. 3 StPO).

Ferner besteht das Recht, die Beantwortung einzelner Fragen nach dem Intimleben (Umstände des höchstpersönlichen Lebensbereichs) sowie von Fragen nach Einzelheiten der strafbaren Handlung gegen die Geschlechtssphäre, deren Schilderung die Opfer für unzumutbar halten, zu verweigern (§ 158 Abs. 1 Z 3 und 2 StPO). Von solchen expliziten **Entschlagungsrechten** zu trennen ist die gesetzliche Aussagebefreiung. Gewisse Zeugen gelten als von der Pflicht zur Anzeige befreit, d. h., sie sind unter bestimmten Voraussetzungen kraft Gesetzes freigestellt und müssen nicht aussagen (§ 156 StPO). Neben jenen Personen, die im Verfahren gegen einen Angehörigen (§ 72 StGB) aussagen sollen, gilt dies insbesondere auch für Personen, die durch eine Straftat verletzt worden sein könnten und zur Zeit ihrer Vernehmung das 14. Lebensjahr noch nicht vollendet haben, sowie für Personen, die in ihrer Geschlechtssphäre verletzt worden sein könnten. Bei den beiden letztgenannten Personengruppen muss den Prozessparteien jedoch zuvor Gelegenheit gegeben werden, sich an einer kontradiktorischen Vernehmung zu beteiligen (§§ 165 und 247 StPO).

Opfer, die in ihrer sexuellen Integrität verletzt worden sein könnten, haben außerdem das Recht, die Vernehmung durch eine Person gleichen Geschlechts zu verlangen (§ 70 Abs. 2 StPO) und den **Ausschluss der Öffentlichkeit** zu beantragen (§ 229 Abs. 1 Z 2 StPO).

Für Opfer, die in ihrer sexuellen Integrität verletzt worden sein könnten und das 14. Lebensjahr noch nicht erreicht haben, besteht auch ein Anspruch auf kostenlose **psychosoziale und juristische Prozessbegleitung** (§ 66 Abs. 2 StPO). Allen übrigen Opfern gemäß § 65 Z 1 lit. a und b StPO steht es frei, eine solche Begleitung zu verlangen, die Gewährung richtet sich jedoch nach der Erforderlichkeit zur Wahrung ihrer prozessualen Rechte.

Privatbeteiligte (Opfer, die sich wegen privatrechtlicher Ansprüche wie Schadenersatz oder Entschädigung dem Verfahren anschließen) haben Anspruch auf kostenlose Beistellung eines Rechtsanwalts im Rahmen der Verfahrenshilfe, soweit ihnen nicht ohnehin Prozessbegleitung zu gewähren ist. Sie können im Rahmen ihrer Stellung als Prozesspartei auch zusätzliche Rechte geltend machen und haben die Möglichkeit, die Anklage als Subsidiarkläger aufrechtzuerhalten, wenn die StA von der Anklage zurücktritt (§ 67 Abs. 6 und 7, § 72, § 282 Abs. 2 StPO). Für den Fall, dass sie sich an einem Verfahren gegen einen Angehörigen beteiligen, sind Privatbeteiligte jedoch nicht mehr gemäß § 156 Abs. 1 Z 1 StPO von ihrer Aussage befreit und können vernommen werden (§ 156 Abs. 2 StPO).

Das Recht auf **Verständigung und Information** beinhaltet, dass Opfer bereits vor ihrer Vernehmung vom Gegenstand des Verfahrens, über ihre Rechte im Verfahren sowie über die Möglichkeit, Entschädigungs- und Hilfeleistungen zu erhalten, zu informieren sind (§§ 10 Abs. 2, 66 Abs. 1, 70, Abs. 1 StPO). Darüber hinaus muss das Opfer über den Fortgang des Verfahrens, über die Freilassung des Beschuldigten (§ 177 Abs. 5 StPO), über die Einstellung und Fortführung des Verfahrens (§ 194 StPO), über das Abbrechen des Verfahrens gegen einen unbekannten Täter und über die Fortsetzung und Einleitung nach der Ausforschung (§ 197 Abs. 3 StPO) informiert werden.

2.3   Schweiz

Im Jahr 2011 wurde eine einheitliche Strafprozessordnung eingeführt, nachdem bis dahin 26 kantonale Strafprozessordnungen galten und kantonale Eigenheiten einzelner Strafprozessordnungen die praktische Einvernahme trotz einheitlicher Schulung teilweise recht unterschiedlich ausfallen ließen (Sutter 2011). Die strafprozessualen Rechte der Opfer, die bis dahin im Opferhilfegesetz (OHG) geregelt waren, sind seither abschließend in der StPO geregelt; die entsprechenden Bestimmungen des OHG (Art. 34–44 OHG) wurden neu in die StPO integriert. In Art. 116 StPO wurde die Definition des Begriffs „Opfer" gemäß Opferhilfegesetz übernommen; demnach gilt als

Opfer, wer in seiner körperlichen, sexuellen oder psychischen Integrität unmittelbar beeinträchtigt wurde (zum Ganzen Schwander 2015).[1]

Für alle Zeugen gilt ein **Zeugnisverweigerungsrecht** aufgrund persönlicher Beziehungen (Art. 168 StPO). Des Weiteren besteht ein allgemeines Zeugnisverweigerungsrecht zum eigenen Schutz oder zum Schutz nahestehender Personen (Art. 169 StPO). Personen, die sich selbst oder nahestehende Personen belasten und somit zivil- oder strafrechtlich verantwortlich machen könnten, dürfen somit die Auskunft über entsprechende Tatsachen verweigern.

Für Opfer von Straftaten sieht das Schweizer Strafprozessrecht besondere Schutznormen vor (Art. 152 StPO). In Bezug auf die Einvernahmesituation erscheinen das Recht auf Persönlichkeitsschutz, das Recht auf Begleitung durch eine Vertrauensperson und auf die Vermeidung der Begegnung mit der beschuldigten Person zentral. Zusätzlichen Schutz erfahren spezifische Opfergruppen, dazu gehören Opfer sexueller Gewalt, deren Schutzbedürftigkeit in Art. 153 StPO berücksichtigt wird. Ihnen steht die Möglichkeit der Einvernahme und der Übersetzung durch eine Person gleichen Geschlechts sowie das Recht auf eine besondere Zusammensetzung des Gerichts zu (Art. 335 Abs. 4 StPO), zudem besteht ein **absolutes Aussageverweigerungsrecht** bei Antworten auf Fragen, die die Intimsphäre betreffen (Art. 169 Abs. 4 StPO). Opfer von Sexualdelikten können die Aussage zu solchen Fragen verweigern. Da strafbare Handlungen gegen die sexuelle Integrität im Kern immer die Intimsphäre betreffen, besteht somit für Opferzeugen im Schweizer Strafverfahren altersunabhängig bei in Frage stehenden Sexualdelikten grundsätzlich die Möglichkeit, sich zu relevanten Handlungen gar nicht zu äußern.

Bei Opfern, die zum Zeitpunkt ihrer Einvernahme das 18. Lebensjahr noch nicht vollendet haben, kommen nach Art. 154 StPO darüber hinaus spezielle Maßnahmen zum Schutz ihrer Persönlichkeit zur Anwendung. Kinder bis 15 Jahre werden als Auskunftsperson einvernommen und müssen grundsätzlich weder Angaben machen noch sind sie der Wahrheit verpflichtet (Art. 178 lit. b StPO; Art. 180 StPO), müssen allerdings ab einem Alter von 10 Jahren auf die strafrechtlichen Konsequenzen einer Falschbeschuldigung hingewiesen werden. Opfer, die älter als 15 Jahre sind, werden als Zeugen einvernommen[2] und sind grundsätzlich zur Aussage und der Wahrheit verpflichtet. Die erste Einvernahme hat so rasch als möglich stattzufinden und eine begleitende Vertrauensperson kann nur dann vom Verfahren ausgeschlossen werden, wenn diese einen bestimmenden Einfluss auf das Kind ausüben könnte. Sofern erkennbar ist, dass die Einvernahme oder die Gegenüberstellung für das Kind zu einer schweren psychischen Belastung führen könnte (Art. 154 Abs. 4), darf eine Konfrontation mit der beschuldigten Person nur angeordnet werden, wenn das Kind diese ausdrücklich verlangt oder der Anspruch der beschuldigten Person auf rechtliches Gehör auf andere Weise nicht gewährleistet werden kann. Findet keine unmittelbare Konfrontation statt, so werden die Einvernahmen, welche durch speziell dafür geschulte Ermittlungsbeamte durchge-

---

1   Zur grundlegenden Problematik dieser Begriffsdefinition sei auf die Erläuterungen im Zusammenhang mit dem Begriff des Opferzeugen in ► Kap. 1 verwiesen.
2   Das ältere Opfer, welches sich als Privatkläger am Verfahren beteiligt, ist Auskunftsperson und nicht Zeuge, ist aber wiederum zur Aussage verpflichtet (Art. 180 Abs. 2 StPO).

führt werden, während ein Spezialist[3] ebenso wie die beschuldigte Person und/oder deren Rechtsvertretung im Übertragungsraum anwesend sind und ergänzende Fragen stellen lassen können, mit Bild und Ton aufgezeichnet. Letzteres stellt in der Verfahrenspraxis die Regel dar, denn nach herrschender Lehre ist die Schwelle zur Anwendung möglicher Schutzmaßnahmen nach Art. 154 Abs. 4 StPO als tief zu betrachten, d. h. diese sind im Zweifel anzuwenden.[4]

Das Kind soll während des ganzen Verfahrens nicht mehr als zweimal einvernommen werden, und eine mögliche Zweiteinvernahme soll soweit möglich durch dieselbe Person vorgenommen werden. Selbst eine zweite Einvernahme soll nur dann erfolgen, wenn der Beschuldigte seine Rechte beim ersten Mal nicht ausüben konnte[5], wobei diese Beschränkung durch die Formulierung „darf in der Regel nicht mehr als zweimal einvernommen werden" durchaus Ausnahmen zulässt. Gleichwohl ist in der Praxis zu beobachten, dass es oftmals bei einer Einvernahme bleibt.

Findet eine Vernehmung in der Hauptverhandlung statt, kann ein **Ausschluss der Öffentlichkeit** erfolgen, wenn das Gericht es im Interesse des Opfers für notwendig hält (Art. 70 Abs. 1 lit. a StPO).

Schließlich besteht unter bestimmten Umständen auch die Möglichkeit, ein Verfahren einzustellen, um dem Kindeswohl Rechnung zu tragen und eine sekundäre Viktimisierung des Kindes zu vermeiden, dies namentlich dann,

> … wenn das Interesse eines Opfers, das zum Zeitpunkt der Straftat weniger als 18 Jahre alt war, es zwingend verlangt[6] und dieses Interesse das Interesse des Staates an der Strafverfolgung offensichtlich überwiegt; und das Opfer oder bei Urteilsunfähigkeit seine gesetzliche Vertretung der Einstellung zustimmt (Art. 319 Abs. 2 StPO).

Allerdings wird die **Verfahrenseinstellung** als Ultima Ratio bezeichnet, welche nur angewandt werden solle, wenn andere Möglichkeiten des Zeugenschutzes nicht greifen würden (Wohlers 2005). Eine Verfahrenseinstellung ist allerdings definitiv, d. h., eine Wiederaufnahme ist auch dann nicht mehr möglich, falls sich es sich das Opfer zu einem späteren Zeitpunkt doch noch anders überlegen sollte (zum Ganzen z. B. Scheidegger 2006).

Die Bestimmungen des Opferhilfegesetzes über die Leistungen der Beratungsstellen sowie Entschädigung und Genugtuung durch den Kanton sind im Opferhilfegesetz geregelt. Art. 11 OHG (Schweigepflicht von Mitarbeitenden von Opferberatungsstellen) wurde durch einen Verweis auf Art. 173 Abs. 1 StPO ergänzt: Diese Personen sind im

---

3   Aufgabe des Spezialisten ist es, sicherzustellen, dass die Befragung kindgerecht abläuft.

4   Wehrenberg, BSK StPO, Art. 154, N 8, S. 1089

5   Der aus Art. 6 EMRK abgeleitete Anspruch auf rechtliches Gehör und damit die Möglichkeit der beschuldigten Person, sich zur Belastungsaussage zu äußern und Fragen zu stellen, gilt absolut und muss bei dessen Einschränkung, aufgrund garantierter Schutzmaßnahmen, durch die Anwendung von Ersatzmaßnahmen gleichwertig kompensiert werden (vgl. III, 2010).

6   Dies sei beispielsweise der Fall, wenn ein Kind aufgrund der Belastung durch das Verfahren suizidgefährdet wäre oder wenn ein Kind, das „ein aus der Tat herrührendes Trauma trotz erheblicher Schwierigkeiten letztlich verarbeitet" habe, nach sehr langer Zeit erneut einvernommen werden müsste und konkrete Anhaltspunkte dafür vorlägen, dass die erneute Beschäftigung mit dem deliktischen Geschehen sein Wohl erheblich gefährden würde (Scheidegger 2006, S. 271).

Rahmen einer Zeugeneinvernahme bei der Staatsanwaltschaft seither nur dann zur Aussage verpflichtet, wenn das Interesse an der Wahrheitsfindung höher zu gewichten ist als das Geheimhaltungsinteresse.

Für das Opfer besteht nach dem Opferhilfegesetz und der Strafprozessordnung das **Recht auf Information** hinsichtlich aller Rechte im Verfahren[7], der Beratungsstellen und weiterer Opferleistungen (Art. 8 Abs. 1 OHG). Die zuständigen Beratungsstellen können grundsätzlich Akteneinsicht nehmen, sofern das Opfer oder seine Angehörigen ihre Zustimmung erteilt haben (Art. 10 OHG). Die Leistungen der Beratungsstellen umfassen auch die **psychosoziale Prozessbegleitung**. Wie in den anderen beiden Ländern kann auch die **Begleitung durch einen Rechtsbeistand** und durch eine **Vertrauensperson** während des gesamten Verfahrens (Art. 36 Abs. 1 OHG) in Anspruch genommen werden. Sowohl die **Soforthilfe** als auch die **längerfristige Hilfe** sind in der Schweiz für Opfer und ihre Angehörigen unentgeltlich (Art. 5 OHG).

2.4 Vergleichende Betrachtung

Als wichtigster Unterschied ist zusammenfassend festzustellen, dass in der Schweiz eine erneute Vernehmung von Opferzeugen in der Hauptverhandlung ohnehin nicht zwingend vorgesehen ist und bei Minderjährigen praktisch nicht erfolgt, während das in Deutschland und in Österreich wegen des Unmittelbarkeitsprinzips grundsätzlich der Fall ist. In der schweizerischen Strafverfahrenspraxis werden minderjährige Opferzeugen in Frage stehender Delikte gegen die sexuelle Integrität, von denen regelhaft angenommen wird, dass die Gefahr einer Traumatisierung durch Konfrontation mit der beschuldigten Person sowie durch Mehrfachbefragung besteht, nach Möglichkeit nur einmal – falls die beschuldigte Person oder deren Rechtsvertretung beim ersten Mal ihre Rechte nicht geltend machen konnte – noch ein zweites Mal befragt. Die Erstbefragung sowie eine etwaige Zweitbefragung werden grundsätzlich audiovisuell dokumentiert und stehen den Verfahrensbeteiligten als Konserve zur Verfügung[8], wobei eine Sichtung durch die Verfahrensbeteiligten in der Regel bereits vorgängig und nicht in der Hauptverhandlung selbst erfolgt. Zudem kann das Strafverfahren unter bestimmten Umständen auch zum Schutz des Kindes eingestellt werden.

Sowohl in Österreich als auch in Deutschland sind aber unter Opferschutzgesichtspunkten ebenfalls strafprozessuale Reformen vorgenommen worden, die unter bestimmten Voraussetzungen ermöglichen, dass Opferzeugen nicht in der Hauptverhandlung gehört werden. Das Entschlagungsrecht, das in Österreich bestimmte Opfergruppen von der Pflicht befreit, eine (weitere) Aussage zu machen, ist hier besonders zu nennen. In Deutschland besteht zwar prinzipiell die Möglichkeit, aufgezeichnete ermittlungsrichterliche Vernehmungen von minderjährigen Opferzeugen mit ersetzender

---

7 Polizei, Staatsanwaltschaft und Gerichte müssen Opfer umfassend über ihre Rechte informieren; Opfer haben seither ausdrücklich das Recht auf Information über die Anordnung und Aufhebung von Untersuchungs- und Sicherheitshaft oder Flucht; die Anklageschrift oder ein Einstellungsbeschluss werden auch dem Opfer zugestellt.

8 Sutter (2011) merkt hierzu an, dass es bei dieser Art der Dokumentation nicht allein um genuines Opferinteresse gehe, sondern Gerichtsbehörden so auch die Möglichkeit erhielten, sich für die Würdigung der Aussage einen persönlichen Eindruck zu machen.

Wirkung in der Hauptverhandlung vorzuspielen. Hiervon wird jedoch selten Gebrauch gemacht, sodass Minderjährige in der Regel auch in der Hauptverhandlung gehört werden, wenn deren Aussagen im Verfahren relevant sind.

Unterschiede bestehen zwischen den Ländern auch in Bezug auf die Weigerungsrechte für Geschädigte. Während sich Weigerungsrechte in Deutschland nur auf Aussagen gegen Verwandte und die Gefahr der Selbstbelastung beziehen, bestehen in Österreich und in der Schweiz, wie weiter oben ausgeführt wurde, sehr weitgehende Weigerungsmöglichkeiten. So sind etwa Minderjährige in der Schweiz, die jünger als 16 Jahre sind, grundsätzlich nicht zur Aussage verpflichtet, die österreichische Strafprozessordnung sieht eine Aussagebefreiung für Opferzeugen vor, die jünger als 14 Jahre sind oder in ihrer sexuellen Integrität verletzt worden sein könnten, wenn bereits eine kontradiktorische Befragung stattgefunden hat. In der Schweiz dürfen Opferzeugen in Frage stehender Delikte gegen die sexuelle Selbstbestimmung altersunabhängig grundsätzlich Angaben zu Details sexueller Handlungen verweigern, da diese ihre Intimsphäre betreffen. Für Österreich gilt dies mit der Maßgabe, dass Opferzeugen die Schilderungen selbst für unzumutbar halten.

Besondere Belastungen minderjähriger Opferzeugen im Rahmen von Strafverfahren

© Springer-Verlag GmbH 2017
Susanna Niehaus, Renate Volbert, Jörg M. Fegert,
Entwicklungsgerechte Befragung von Kindern in Strafverfahren,
DOI 10.1007/978-3-662-53863-0_3

Im vorangegangenen Kapitel wurden strafprozessuale Maßnahmen beschrieben, die einer Verringerung der verfahrensbedingten Belastungen dienen sollen. Eine Aussage im Rahmen eines Strafverfahrens stellt für viele Opferzeugen eine Belastung dar, dies insbesondere für Kinder, die über eigene, intime und möglicherweise traumatisierende Erlebnisse berichten müssen. Handelt es sich bei dem Beschuldigten um eine Person, die dem Kind nahesteht, können Loyalitätskonflikte zu einem weiteren Belastungsfaktor werden. International durchgeführte Untersuchungen zum Belastungserleben von Kindern in Strafverfahren verweisen auf eine Vielzahl potenziell belastender Faktoren, die sich unterschiedlichen Phasen des Verfahrens zuordnen lassen (z. B. Busse und Volbert 1996; Busse et al. 1996). Viele potenzielle Belastungen scheinen im Zusammenhang mit dem nach der Schweizer Strafprozessordnung nicht vorgesehenen Auftritt in der Hauptverhandlung zu stehen, aber auch mangelnde und falsche Kenntnisse des Verfahrensablaufs können zu Verunsicherungen und Ängsten führen (Wolf 1997), und die intensive Beschäftigung mit dem Erlebnis sowie das In-Frage-Stellen des Erlebnisses durch Verfahrensbeteiligte werden als belastend erlebt (Volbert 2012a). Diese Aspekte spielen keineswegs ausschließlich in Hauptverhandlungen eine Rolle, auch wenn die Konfrontation mit etwaigen Zweifeln an der Aussage in Hauptverhandlungen unmittelbarer erfolgt.

International auf der Basis entwicklungspsychologischer und empirischer Erkenntnisse zu Problemen, Befürchtungen und Belastungen kindlicher Opferzeugen entwickelte Gerichtsvorbereitungsprogramme für Kinder (z. B. Köhnken und Dannenberg 1997; einen Überblick bietet Rohmann 2014) erscheinen für einen Einsatz in Deutschland sinnvoll, für die Schweiz und für Österreich aufgrund der in ▶ Kap. 2 beschriebenen, deutlich anderen strafprozessualen Bedingungen jedoch weniger relevant. Die in der Schweiz eingeführten verfahrensrechtlichen Schutzmaßnahmen, die mit Inkrafttreten der schweizerischen Strafprozessordnung 2011 aus dem Opferhilfegesetz (OHG) in den Artikel 154 StPO übernommen wurden, wie z. B. die Vermeidung der direkten Konfrontation mit dem Angeschuldigten, die audiovisuelle Aufzeichnung der Befragung als Ersatz für eine Aussage vor Gericht und die Beschränkung der Anzahl der Befragungen auf möglichst eine bis höchstens zwei Befragungen, tragen der besonderen Situation kindlicher Opfer Rechnung (Scheidegger 2006) und scheinen grundsätzlich auch dazu geeignet zu sein, mit einer Hauptverhandlung verbundene, vermeidbare potenzielle Belastungsfaktoren auszuräumen. Im skandinavischen Raum haben sich im Rahmen der Barnahus-Bewegung teilweise spezialisierte Einrichtungen zur forensischen Befragung und gleichzeitigen Abklärung des Hilfebedarfs sowie eines möglichen Behandlungsbedarfs etabliert (vgl. Fegert et al. 2016). Wenngleich das darin zum Ausdruck kommende Bemühen um eine stärkere Berücksichtigung der Perspektive des Kindes zu erkennen ist, erscheint es jedoch geboten, die möglichen Vor- und Nachteile solcher Modelle in einer Diskussion mit Blick auf die deutschsprachigen Länder sehr sorgfältig abzuwägen.

Als Maßnahme zur Reduzierung verfahrensbedingter Belastungen ist die Verwendung einer Videokonserve aus psychologischer Sicht durchaus zu begrüßen, wenngleich die Notwendigkeit mindestens einer zweiten Befragung sich nicht selten aus dem Umstand ergeben wird, dass die Erstbefragung regelmäßig zu einem sehr frühen Zeitpunkt im Verfahren erfolgt, zu dem wesentliche befragungsrelevante Informationen noch gar nicht vorliegen (vgl. auch Busse et al. 1996). Nicht zuletzt kann zudem die

Prüfung der Konstanz der Angaben über zwei Aussagezeitpunkte hinweg wertvolle Hinweise auf den Erlebnisgehalt einer Aussage liefern. Sowohl im Hinblick auf die lediglich bei jungen Kindern kaum relevante Prüfung der Lügenhypothese als auch im Hinblick auf die Prüfung der Suggestionshypothese kann nämlich eine Analyse der Konstanz der Angaben sehr aufschlussreich sein, deren Prüfung wird durch eine einmalige Befragung jedoch verunmöglicht.[1]

Volbert (2012a) weist in diesem Zusammenhang darauf hin, dass strafprozessuale Maßnahmen, mit denen die Reduktion kurzfristiger Belastung avisiert wird, die sich im Ergebnis aber einschränkend auf die Ermittlungs- und Aufklärungsmöglichkeiten auswirken (wie die Festlegung auf eine einzige Aussage), möglicherweise kurzfristig entlastend wirken können, aber eventuell langfristig auch negative Effekte für Geschädigte haben können (vgl. auch Hansjakob 2017).

> ❯ Da offene Fragen im Zweifelsfall immer zugunsten der angeklagten Person ausgelegt werden müssen, führt ein Verzicht auf zusätzliche Befragungen möglicherweise trotz Erlebnisbezugs der belastenden Aussage zu einer Einstellung des Verfahrens oder zu einem Freispruch. Die Unzufriedenheit mit dem Verfahrensausgang wiederum gilt jedoch als ein bedeutsamer Prädiktor für die subjektive langfristige Bewertung des Verfahrens.

So wird bei eingestellten Verfahren oder Verfahren, die zu einem Freispruch geführt haben, häufiger eine negative Auswirkung auf das psychische Befinden berichtet (zum Ganzen Volbert 2012a).

Insofern erscheinen kurzfristige Belastungsreduktionen langfristig nicht immer sinnvoll. Dies unterstreichen auch die Ergebnisse einer aktuellen ländervergleichenden Untersuchung von Volbert, Skupin und Niehaus (in Vorbereitung), im Rahmen derer 236 Mitarbeitende von Opferberatungsstellen in Deutschland, in Österreich und in der deutschsprachigen Schweiz um ihre Einschätzung der kurz- und langfristigen Auswirkungen von Strafverfahren auf minderjährige Geschädigte gebeten und nach ihrer Zufriedenheit mit den gesetzlichen Grundlagen ihres Landes, deren praktischer Anwendung und der daraus resultierenden Sanktionierung befragt wurden. Die Ergebnisse verweisen auf die Notwendigkeit einer sorgfältigen Evaluation von Opferschutzmaßnahmen, um zu verhindern, dass möglicherweise wirkungslose Maßnahmen der Aufklärung des Tatgeschehens entgegenwirken und unangemessene Sanktionen zur Folge haben. Zudem wurde eine stärkere Anpassung von Opferschutzmaßnahmen an das Alter der Kinder gefordert und zu einer generell individuelleren Gestaltung des Opferschutzes angeregt. Bezugnehmend auf theoretische und empirische Erkenntnisse zu Belastungserleben und Bewältigungsstrategien (z. B. Lazarus 1991) ist indes auch nicht anzunehmen, dass potenziell belastende Faktoren eines Strafverfahrens auf alle Kinder und Jugendliche in gleicher Weise wirken, vielmehr sind Verbesserungen der Gesetze zum Opferschutz nur dann gegeben, wenn eine Subjektstellung der Person gewährleistet und die unterschiedlichen Bedürfnislagen berücksichtigt werden (Volbert 2008).

---

1   In verschiedener Hinsicht bedenklich müssen aus aussagepsychologischer Sicht daher bisweilen in der juristischen Literatur zu lesende Hinweise stimmen, die zweite Einvernahme solle vermieden werden, um potenzielle Konstanzprobleme zu umgehen (z. B. Sutter 2011).

Während Belege der Wirksamkeit von Opferschutzmaßnahmen somit größtenteils noch ausstehen und teilweise sogar nicht erbracht werden konnten, steht jedoch außer Frage, dass das situative Belastungserleben von Kindern in engem Zusammenhang mit den Befragungskompetenzen und dem individuellen Verhalten der Verfahrensbeteiligten steht (Fegert 2002). Eine freundliche, zugewandte, an der Person interessierte Grundhaltung ist in diesem Zusammenhang sehr bedeutsam und ist zudem geeignet, die Mitteilungsbereitschaft[2] Aussagender und damit auch die Qualität erlebnisbasierter Aussagen zu erhöhen (Vallano und Schreiber Compo 2011).

> **Kindern und Jugendlichen dürfte das Gefühl, von den Verfahrensbeteiligten wahr- und ernstgenommen zu werden, letztlich dienlicher sein als einzelne verfahrensrechtliche Schutzmaßnahmen.**

Vertreter der Strafverfolgungsorgane tun daher gut daran, sich Zeit zu nehmen für ausführliche und kindgerechte Erklärungen und Belehrungen (Busse et al. 1996; Scheidegger 2006).

Nicht zuletzt wird u. a. das Recht auf altersangemessene Information zum Verfahren durch die etwas später als in Deutschland und Österreich auch von der Schweiz[3] 1997 ratifizierte UN-Kinderrechtskonvention unterstrichen und entspricht den Vorgaben zur „child-friendly justice" des Europarats[4]. Ein solches Bemühen dürfte sich auch positiv auf die Wahrnehmung der prozeduralen Gerechtigkeit auswirken. Als prozedurale Gerechtigkeit wird die subjektiv wahrgenommene Fairness des Entscheidungsprozesses (nicht des Ergebnisses) und der persönlichen Behandlung innerhalb des Strafverfahrens verstanden (Köhnken 2014). Entscheidend scheint für Kinder nämlich zu sein, dass ihnen das Gefühl vermittelt wird, aktiv gestaltend am Verfahren teilnehmen zu können und nicht bloß passiv erduldend. Busse, Volbert und Steller (1996) betonen in diesem Zusammenhang, dass Kinder bereit und in der Lage zu sein scheinen, Belastungen im Sinne anforderungsbezogener Anstrengungen zu ertragen, wenn ihnen deren Notwendigkeit zuvor hinreichend einsichtig gemacht wurde.

> **Eine kindgerechte Gestaltung des Verfahrens und eine Reduktion vermeidbarer Belastungen Aussagender dienen nicht allein der Vermeidung einer sekundären Viktimisierung im Sinne einer (zumindest kurzfristigen) Schädigung durch das Verfahren selbst, sondern sind nicht zuletzt auch der Wahrheitsfindung zuträglich (vgl. Scheidegger 2006).**

---

2   Mit Hinweis auf den Aufsatz von Hilgert (2016) sei hier angemerkt, dass eine Aufrechterhaltung der Mitteilungsbereitschaft Aussagender aus aussagepsychologischer Sicht grundsätzlich unerlässlich und keinesfalls gleichzusetzen ist mit dem Versuch, eine nicht aussagewillige Person zu einer Aussage zu bewegen.

3   Von den bei der Ratifizierung geltend gemachten sieben Vorbehalten sind lediglich noch drei Vorbehalte bezüglich Familiennachzug, Trennung Jugendlicher und Erwachsener bei Freiheitsentzug und bezüglich Jugendstrafverfahren (keine Trennung zwischen untersuchenden und urteilenden Behörden) in Kraft.

4   Abrufbar unter http://www.coe.int/en/web/children/child-friendly-justice; deutschsprachige Version unter https://wcd.coe.int/com.instranet.InstraServlet?command=com.instranet. CmdBlobGet&InstranetImage=2780902&SecMode=1&DocId=2290440&Usage=2. Zugriff: 09. August 2016.

Denn die emotionale Belastung in der Befragungssituation kann eine Beeinträchtigung der kognitiven Leistungsfähigkeit zur Folge haben und sich somit auch negativ
auf die Qualität der Aussage auswirken (Köhnken 2003a). Für die spätere Bewertung
der Aussagemotivation und Aussagequalität kann es daher wichtig sein, dass entsprechende Informationen zum aktuellen Zustand des Kindes (Verhalten vor der Befragung und in der Trennungssituation, wahrnehmbare Emotionen und auffällige
Verhaltensweisen, Unruhe, Erschöpfung, Müdigkeit etc.) auch dokumentiert wurden,
sofern im Vorfeld der Einvernahme bereits Verhaltensweisen beobachtbar waren, die
noch nicht von der Videokamera eingefangen werden konnten. Dies gilt grundsätzlich
auch für mögliche vorgängige Termine, an denen die Besichtigung der Räumlichkeiten
stattfindet. Insbesondere etwaige Gespräche, die in diesem Zusammenhang stattfinden, können sehr aufschlussreich sein und sollten besonders sorgfältig dokumentiert
werden.

Hinweise und Empfehlungen zur Befragung

- Bemühen Sie sich darum, eine angstfreie, entspannte Atmosphäre herzustellen.
- Seien Sie unabhängig vom Inhalt der Aussage und vom Verhalten des Kindes
  freundlich zugewandt.
- Interessen Sie sich für die Person und das, was sie bewegt.
- Nehmen Sie sich Zeit für entwicklungsangemessene Erklärungen.
- Dokumentieren Sie Beobachtungen zum Zustand des Kindes.
- Dokumentieren Sie besonders sorgfältig alle Gespräche (auch mit Begleit-
  personen), die gegebenenfalls im Vorfeld stattgefunden haben oder von der
  Kamera nicht erfasst wurden.

Zusammenfassend lässt sich somit sagen, dass Befragungen von Minderjährigen im
Rahmen von Strafverfahren für diese oftmals mit kurzfristiger Belastung verbunden
sind, dass Befragende jedoch mit einem angemessenen und altersgerechten Befragungsverhalten wesentlich zur Entlastung und Zufriedenheit der Betroffenen und damit nicht
zuletzt auch zu einer optimalen Nutzbarkeit der Aussagen beitragen können.

Zentral wird somit die Frage, wie sich Aussagebedingungen herstellen lassen, die –
unabhängig vom Erlebnisgehalt der Angaben – zur optimalen Nutzbarkeit kindlicher
Aussagen beitragen.

Der Begriff der **Nutzbarkeit** heißt in diesem Zusammenhang: Angemessene Aussagebedingungen
erhöhen sowohl die Chance, dass eine erlebnisbasierte Aussage substantiiert werden kann, als auch
die Wahrscheinlichkeit, dass eine nicht erlebnisbasierte Aussage als solche identifiziert werden kann.
Beide Möglichkeiten liegen im langfristigen Interesse des aussagenden Kindes. Es ist unethisch, Kinder
der Belastung einer methodisch unzureichenden Befragung auszusetzen, die die Gefahr in sich birgt,
dass die Nutzbarkeit der Aussage eingeschränkt oder gar nicht mehr gegeben ist. Eine professionelle
Befragungsvorbereitung und Befragungsdurchführung verhindert, dass eine getätigte Aussage wegen
Unzulänglichkeiten der Befragungsdurchführung nicht genutzt werden kann.

In den folgenden Kapiteln werden die entwicklungspsychologischen und entwicklungspsychopathologischen Erkenntnisse zusammenfassend dargestellt, durch deren Berücksichtigung auch das Potenzial sehr junger Kinder ausgeschöpft werden kann, über

Erlebnisse auszusagen. Des Weiteren wird unter Berücksichtigung aussagepsychologischer Erkenntnisse aufgezeigt, welche Befragungsbedingungen die Gefahr erhöhen, dass im Kern erlebnisbasierte Angaben kontaminiert werden und zurecht Beschuldigte dadurch nicht mehr verurteilt werden können oder Angaben insgesamt lediglich Resultat suggestiver Befragungen sind und nicht tatsächliche Erlebnisse beschreiben.

Aussagerelevante Kompetenzen im Entwicklungsverlauf

© Springer-Verlag GmbH 2017
Susanna Niehaus, Renate Volbert, Jörg M. Fegert,
Entwicklungsgerechte Befragung von Kindern in Strafverfahren,
DOI 10.1007/978-3-662-53863-0_4

Im Folgenden geht es darum, welche Kompetenzen eine forensisch verwertbare Aussage im Einzelnen erfordert und wann diese Kompetenzen im Verlaufe der kindlichen Entwicklung in der Regel erworben werden. Wesentliche aussagerelevante Entwicklungsschritte sind bei normaler Entwicklung mit dem 12. Lebensjahr abgeschlossen (Volbert 2014a), und von Vertretern der Ermittlungsbehörden werden insbesondere Befragungen von jungen Kindern als sehr anspruchsvoll empfunden (Fegert et al. 2001). Aus diesem Grunde wird im Folgenden in erster Linie auf Kinder im Alter von 4 bis 12 Jahren fokussiert, da sich für diese Altersgruppe aus entwicklungspsychologischen Erkenntnissen einige Besonderheiten der Befragung ableiten lassen.

Da Kinder mit Entwicklungsbelastungen und kognitiven Beeinträchtigungen bestimmte Entwicklungsziele und -aufgaben teilweise erst später bewältigen, sei an dieser Stelle angemerkt, dass es für die Befragung hilfreicher ist, sich am individuellen Entwicklungsstand bzw. am mentalen Entwicklungsalter des Kindes bzw. Jugendlichen zu orientieren statt vom chronologischen Alter auszugehen.

Auf Besonderheiten intellektuell beeinträchtigter Personen, die nachgewiesenermaßen überproportional von sexueller Gewalt betroffen sind (Fegert et al. 2006; Harrell 2015; Schröttle et al. 2013) und aus diesem Grunde eine bedeutende Teilgruppe Aussagender bilden, wird jeweils themenbezogen miteingegangen. Da die spezifischen Besonderheiten allerdings vor allem mit zunehmendem Alter an Gewicht gewinnen und bei jüngeren Kindern eine deutlich geringere Rolle spielen dürften als bei Jugendlichen und Erwachsenen, wird hier auf eine ausführliche Darstellung der spezifischen Problemfelder verzichtet. Bezüglich des Umgangs mit intellektuell beeinträchtigten Jugendlichen und Erwachsenen besteht nicht zuletzt im Hinblick auf eine Umsetzung eines Zugangs zum Recht im Sinne der UN-Behindertenrechtskonvention allerdings in der Strafverfahrenspraxis fraglos dringender Optimierungsbedarf, Interessierte seien an dieser Stelle auf aktuelle Publikationen verwiesen, die sich exklusiv dieser Thematik widmen (Krüger et al. 2014, 2012, 2016; Niehaus et al. 2012, 2013, 2014b).

Einen Orientierungsrahmen dafür, welche Kompetenzen für eine forensisch verwertbare Aussage im Verlaufe der kindlichen Entwicklung erworben werden müssen, kann das Konzept der **Aussagetüchtigkeit** bieten, welches die für eine forensisch brauchbare Aussage notwendigen Entwicklungsvoraussetzungen enthält.

> **❯** **Aussagetüchtigkeit** bezieht sich auf die Fähigkeit einer Person, einen spezifischen Sachverhalt zuverlässig wahrnehmen, diesen in der zwischen dem Geschehen und der Befragung liegenden Zeit im Gedächtnis bewahren, das Ereignis weitgehend selbständig abrufen, die Geschehnisse in einer Befragungssituation verbal wiedergeben und Erlebtes von anders generierten Vorstellungen (z. B. Gehörtem, Gesehenem oder Erfundenem) unterscheiden zu können (Greuel et al. 1998).

In der Befragungssituation selbst werden zudem Konzentrationsfähigkeit, Ausdrucksfähigkeit und vor allem die Fähigkeit wichtig, eine für unwissende Dritte nachvollziehbare Schilderung zu produzieren (Volbert 2005). Beeinträchtigungen der Aussagetüchtigkeit können sich grundsätzlich durch geringe kognitive Fähigkeiten, psychische Störungen sowie eine Beeinflussung durch psychotrope Substanzen ergeben oder sie können entwicklungsbedingt sein. Hinsichtlich der im Folgenden interessierenden

Kompetenzen im Entwicklungsverlauf wird hier auf entwicklungsbedingte Beeinträchtigungen fokussiert. Die folgenden Altersangaben können als Faustregel dienen:

— Kinder vor dem vollendeten 4. Lebensjahr können sich durchaus auch an länger zurückliegende Ereignisse erinnern, haben aber noch große Schwierigkeiten, Informationen selbständig abzurufen, sie sind daher in erheblichem Maße auf spezifische Hinweisreize angewiesen. Über Ereignisse, zu denen keine zusätzlichen Informationen vorliegen, bei denen man also naturgemäß auch gar keine spezifischen Hinweisreize geben könnte, erhält man von Kindern dieser Altersgruppe häufig noch keine Angaben, die auch ohne Kenntnis des Ereignisses nachvollziehbar wären (Volbert 2005).
— Kindergartenkindern (4 bis 5 Jahre) gelingt es zunehmend, auch ohne Hilfestellung über Erlebnisse zu berichten, kurze Narrationen (zusammenhängende Schilderungen) sind möglich. Bei angemessener Fragetechnik können viele Kinder dieser Altersgruppe schon Auskunft über Erlebnisse geben.
— Ab einem Alter von 6 Jahren nähern sich Berichte in ihrer Organisation und Logik den Darstellungen Erwachsener an. Sofern keine Entwicklungsverzögerung bzw. keine aktuelle psychische Störung, die die Aussagetüchtigkeit beeinträchtigt, vorliegt, kann in diesem Alter regelmäßig von vorliegender Aussagetüchtigkeit ausgegangen werden (Volbert 2010a).

Altersangaben können zwar diesbezüglich eine grobe Orientierung bieten, sind jedoch nicht als starre Vorgaben zu verstehen. Letztlich ist im Einzelfall zu prüfen, wie gut ein Kind dazu in der Lage ist, ohne Vorgabe spezifischer Hinweise über ein Erlebnis so zu berichten, dass die Schilderung auch von jemandem verstanden wird, der die Situation nicht miterlebt hat, denn diese Situation ist im strafrechtlichen Befragungskontext gegeben, andernfalls wäre man auf die Aussage des Kindes nicht angewiesen. Zur Prüfung empfiehlt es sich, bedeutsame **fallneutrale Erlebnisse** aus dem Zeitraum des in Frage stehenden Delikts zunächst in Unkenntnis externer Informationen berichten zu lassen und den Bericht erst im Nachhinein mit den Informationen der Bezugsperson abzugleichen (Volbert 2014a).

Im Hinblick auf die bereits erfolgten und nun folgenden Altersangaben zu Entwicklungsschritten ist stets zu bedenken, dass Kinder je nach Entwicklungsbelastungen und individuellen Voraussetzungen bestimmte Entwicklungsziele und -aufgaben früher oder später bewältigen und damit bessere oder schlechtere Voraussetzungen für eine Aussage im forensischen Kontext mitbringen.

> ❯ Um sich in der Befragung auf die Bedürfnisse der aussagenden Person einstellen
> zu können und auf diese Weise optimale Aussagebedingungen herzustellen, ist
> es entscheidend, den individuellen Entwicklungsstand und möglicherweise
> vorliegende psychopathologische Auffälligkeiten des Kindes zu kennen.

Das mentale **Entwicklungsalter** bietet hier meist bessere Anhaltspunkte als das Lebensalter.

4.1   Gedächtnis

Hinsichtlich der Erinnerungsleistung können im strafrechtlichen Kontext zwei unterschiedliche Aspekte relevant sein, namentlich die Frage der Fähigkeit von Kindern einer bestimmten Altersgruppe, sich an zurückliegende Erlebnisse zu erinnern, sowie die Fähigkeit älterer Kinder, Jugendlicher oder Erwachsener, eine Episode eines frühen Lebensabschnitts aus dem autobiografischen Langzeitgedächtnis abzurufen.

Bis zum vollendeten 2. Lebensjahr beschreiben Kinder in erster Linie Gegenwärtiges. Manche Kinder erinnern sich für kurze Zeit an subjektiv bedeutsame Erlebnisse, diese Erlebnisse werden – vermutlich mangels narrativer Strukturen und aufgrund des geringen Organisationsgrades der Erinnerung jedoch nicht langfristig behalten (zum Ganzen La Rooy et al. 2011; zusammenfassend Volbert 2014a). Da diese frühen Erinnerungsleistungen von der Sprachkompetenz zum Zeitpunkt des fraglichen Ereignisses abhängig sind, unterscheiden sich Personen diesbezüglich stark. Werden von Kindern, Jugendlichen oder Erwachsenen detaillierte Erinnerungen an Erlebnisse vor dem 2. Geburtstag angegeben, sollte dies allerdings immer Anlass für eine sorgfältige Prüfung der Möglichkeit einer Pseudoerinnerung durch einen aussagepsychologischen Sachverständigen geben (vgl. Volbert 2010a).

Etwa ab dem 2. Geburtstag beginnen Kleinkinder, über Vergangenes zu sprechen, allerdings in erster Linie über kurz zuvor abgeschlossene Handlungen oder Routineaktivitäten. Die Fähigkeit, Angaben zu spezifischen Ereignissen zu machen, beginnt sich erst im Alter zwischen 2 und 3 Jahren herauszubilden. Bis zum vollendeten 3. Lebensjahr können Kinder oftmals einige Informationen über längere Zeiträume wiedergeben[1]. Kinder dieses Alters machen allerdings ohne spezifische Hinweisreize kaum Angaben über vergangene Ereignisse, auch im 4. Lebensjahr bleiben vom Kind selbst initiierte Gespräche über Vergangenes noch selten.

Mit 3 bis 3 1/2 Jahren sind Kinder bei normaler Entwicklung zum ersten Mal dazu in der Lage, ein vergangenes Ereignis einigermaßen zusammenhängend darzustellen. Gleichwohl haben auch Kinder dieses Alters noch erhebliche Schwierigkeiten, Informationen selbständig aus dem Gedächtnis abzurufen, und produzieren im freien Bericht nur wenige Informationen. Das führt dazu, dass man oftmals unterschiedliche Informationen (nicht im Sinne widersprüchlicher, sondern unvollständiger Angaben) von Kindern dieses Alters erhält, wenn man sie zu verschiedenen Zeitpunkten von dem Ereignis berichten lässt. Offenbar existiert kein Kern, der unabhängig von den gestellten Fragen zu unterschiedlichen Zeitpunkten jeweils zu einem Ereignis berichtet wird. Dieses Phänomen verweist darauf, dass Kinder in diesem Alter schon über episodische Erinnerungen verfügen, diese jedoch noch nicht in narrativer Form berichten können (Volbert 2014a). Die für gegebene Aussagetüchtigkeit notwendige Fähigkeit, Erinnerungen weitgehend ohne Hilfestellung durch den Befragenden abzurufen und zu berichten, verbessert sich bis zum Schulalter fortlaufend (zusammenfassend Nelson und Fivush 2004).

---

1   Auch ist es grundsätzlich möglich, dass man sich an Ereignisse dieses Lebensabschnitts als Erwachsener noch erinnert, jedoch erscheinen diese Erinnerungen desorganisiert und wenig umfangreich und lassen sich oft nur mit Hilfe spezifischer Hinweisreize abrufen, die im Strafrechtskontext nicht zur Verfügung stehen (Volbert 2014a).

Im Alter von 3 bis 5 Jahren erinnern sich Kinder an bedeutsame Ereignisse teilweise über einen Zeitraum von mehreren Monaten oder sogar Jahren, wobei Erinnerungen an diesen Lebensabschnitt in der Regel weniger detailliert sind als spätere Erinnerungen. Ab 6 Jahren werden bedeutsame Ereignisse überwiegend langfristig erinnert (zusammenfassend Volbert 2014a). Für die Zeit vor dem 6. Geburtstag kann man im Sinne einer Faustregel davon ausgehen, dass der Behaltenszeitraum umso kürzer ist, je jünger ein Kind ist.

Die für das Strafverfahren bedeutsame zeitliche Einordnung von Ereignissen gelingt erst relativ spät. Zwar entwickelt sich bereits mit 3 bis 4 Jahren ein grundlegendes Verständnis dafür, dass Zeit ein Kontinuum darstellt, Vergangenes also unterschiedlich lang zurückliegen kann, ein komplexeres Verständnis von Zeit erwerben Kinder jedoch erst in den frühen Schuljahren. Jüngere Kinder sind kaum dazu in der Lage, konventionelle Zeitskalen angemessen zu nutzen.

> ❯ Einordnungen von Ereignissen innerhalb konventioneller Zeitskalen sind frühestens von Kindern ab 8 bis 9 Jahren zu erwarten. Eine deutliche Zunahme von zeitlichen Einordnungen ist erst im Alter von 10 Jahren zu beobachten (Orbach und Lamb 2007).

Gleichwohl benutzen jüngere Kinder zeitliche Marker auch ohne deren Verständnis. Oftmals verwechseln sie dabei zeitliche Angaben, die sich auf die Vergangenheit beziehen, mit solchen, die sich auf die Zukunft beziehen; sie benutzen „gestern" und „morgen" zuweilen austauschbar. Jüngere Kinder sollte man daher nicht nach zeitlichen Angaben fragen, die sie vermutlich ohnehin nicht zuverlässig vornehmen können, vielmehr sollte man versuchen, durch Förderung freien Berichts möglichst viele Details zu erhalten, welche im Laufe des Verfahrens zur zeitlichen Rekonstruktion von außen genutzt werden können (zusammenfassend Volbert 2014a).

Nicht selten kommt es vor, dass Kinder Aussagen über wiederholte Missbrauchshandlungen machen (Wetzels 1997; zusammenfassend Pillhofer et al. 2011). Für die Beweisführung kann es dann wichtig sein, einzelne Handlungen bestimmten Zeiten oder Örtlichkeiten zuzuordnen, insofern ist die Frage relevant, was im Hinblick auf Erinnerungen an multiple ähnliche Ereignisse zu erwarten ist. Empirische Befunde verweisen darauf, dass Personen unterschiedlichen Alters bei wiederholten ähnlichen Erlebnissen unabhängig von deren Erlebnisgehalt erhebliche Probleme haben, einzelne Handlungsaspekte einer bestimmten Episode zuzuordnen, dies offenbar auch dann, wenn die Episode eindeutig identifizierbar ist. Die Probleme verstärken sich noch, wenn die Befragung nach längerer Zeit erfolgt. Kinder im Alter von 4 bis 5 Jahren hatten in den zugrunde liegenden Studien größere Schwierigkeiten als Kinder im Alter von 6 bis 8 Jahren (Powell et al. 1997).

Wiederholte Erlebnisse werden nicht notwendigerweise schlechter erinnert und berichtet als einmalige Ereignisse, im Gegenteil wird die Fähigkeit, eine spezifische Episode zu erinnern, auch durch die Vertrautheit des Ereignisablaufs, d. h. durch das bereichsspezifische Handlungswissen des Kindes positiv beeinflusst. So weist Kuehnle (1996) darauf hin, dass sehr junge Opfer sexuellen Missbrauchs einmalige Übergriffe weniger gut erinnern, weil sie diese mangels Wissens in ihrer Bedeutung nicht verstehen und somit nicht angemessen enkodieren können.

> **Die präzise Zuordnung einzelner Elemente zu bestimmten Episoden stellt jedoch (auch für ältere Kinder) regelmäßig eine Überforderung dar.**

Bestimmte Details werden anderen Episoden zugeordnet, diese Zuordnung kann auch über Befragungszeitpunkte hinweg und bisweilen sogar innerhalb einer Aussage variieren. Auch kann es zu Vermengungen oder einer Komprimierung mehrerer Erlebnisse kommen (zum Ganzen Greuel 2001; zusammenfassend Köhnken 2003a). Widersprüchliche Zuordnungen einzelner Elemente zu multiplen ähnlichen Episoden sollten daher nicht per se Anlass sein, die Zuverlässigkeit der übrigen Angaben einer Auskunftsperson in Frage zu stellen.

Hinweise und Empfehlungen zur Befragung
- Besonders im Kindergartenalter, aber auch bei Aussagenden mit einer intellektuellen Beeinträchtigung ist eine zeitnahe Befragung zur Sache immens wichtig.
- Orientieren Sie sich für Ihre Befragung möglichst am Entwicklungsalter des Kindes bzw. Jugendlichen, denn das kann bei Behinderungen und psychischen Auffälligkeiten erheblich von dessen Lebensalter abweichen.
- Prüfen Sie vor der Befragung zur Sache, wie gut das Kind ein fallneutrales Erlebnis aus dem episodischen Gedächtnis abrufen und berichten kann. Entscheidend ist, dass Sie den Bericht **ohne** Vorkenntnis verstehen.
- Bedenken Sie, dass jüngere Kinder zeitliche Marker (z. B. gestern, heute, morgen) häufig falsch verwenden.
- Fragen Sie Kinder unter 9 Jahren nicht nach eigenen zeitlichen Einordnungen. Fördern Sie stattdessen im freien Bericht relevante Details zutage, die der zeitlichen Rekonstruktion von außen dienen können.
- Versuchen Sie bei multiplen ähnlichen Erlebnissen, die oft zusammenfassend berichtet werden, anhand erwähnter situationsspezifischer Details möglichst früh die Schilderung episodischer Erinnerungen anzuregen.
- Werden Sie nicht skeptisch, wenn einzelne Elemente zu multiplen ähnlichen Episoden widersprüchlich zugeordnet werden; fordern Sie Aussagende nicht dazu auf, sich diesbezüglich festzulegen.

Erinnerungen an autobiografische Erlebnisse werden nicht nur narrativ beschrieben, sondern im Gedächtnis originär in narrativer Form gespeichert. Sprache und Narration sind also mehr als ein Werkzeug, um autobiografische Erinnerungen mitzuteilen, sie sind vielmehr integraler Bestandteil des autobiografischen Gedächtnisses selbst. **Autobiografische Erinnerungen** werden in Form einer kohärenten (zusammenhängenden) Geschichte organisiert und rekonstruiert, sodass kausale, zeitliche und thematische Zusammenhänge gewahrt bleiben. Diese narrative Organisation unserer Erinnerungen bringt Erfahrungen in einen subjektiv nachvollziehbaren Sinnzusammenhang und verleiht ihnen damit erst Bedeutung. Menschen sind darum bemüht, kohärente narrative Strukturen zu erzeugen und Zusammenhängendes wird auch besser erinnert. Aus diesem Grunde ist das Einsetzen autobiografischer Erinnerungen im Kindesalter eng an die Ausbildung grundlegender sprachlicher und narrativer Fertigkeiten gebunden (zum Ganzen Greuel 2001; Quas und Fivush 2009).

Entscheidend für die Speicherung und Abrufbarkeit autobiografischer Episoden sind somit die sprachlichen und kommunikativen Kompetenzen zum Zeitpunkt des Erlebnisses, auf die Entwicklung dieser Kompetenzen wird im folgenden Abschnitt näher eingegangen.

4.2   Sprachliche und kommunikative Kompetenzen

Neben einem ausreichend großen Wortschatz, lautsprachlichem Ausdruck und Anwendungswissen grammatikalischer Regeln für Befragungssituationen ist vor allem die **pragmatische Sprachkompetenz** von Bedeutung, namentlich die Fähigkeit, Äußerungsabsichten situationsbezogen verstehen zu können und Wirkungen eigener Äußerungen auf den Zuhörer einschätzen zu können (Kiegelmann 2010). Die pragmatische Sprachkompetenz umfasst beispielsweise Höflichkeitsregeln und die Kenntnis über Verwendungsregeln der Sprache (z. B. zum Aufbau von Erzählungen oder zur Unterscheidung zwischen verschiedenen Verwendungsformen der Sprache wie Aufforderungen, Bitten oder Beschreibungen). In der Befragungssituation wird eine Sprache mit Aufforderungscharakter verwendet, Befragte sollten dazu in der Lage sein, diesen Aufforderungscharakter zu verstehen.

Bereits Dreijährige können sich entgegen der Egozentrismusannahme Piagets sprachlich an das Alter und den Status ihrer Gesprächspartner anpassen. Kinder sind z. B. schon früh dazu in der Lage, Formen des Bittens kontextabhängig zu variieren oder verschiedene Typen indirekter Anweisungen zu verstehen (zum Ganzen Grimm und Weinert 2002). Die Fähigkeiten der Kommunikationsgestaltung unterliegen jedoch auch nach dem 5. Lebensjahr noch Veränderungsprozessen, wobei insbesondere mit dem Erwerb der Schreib- und Lesefähigkeit eine deutliche Veränderung und Erweiterung pragmatischer Sprachkompetenz bei Kindern festzustellen ist (Kiegelmann 2010).

Die Kommunikationsregeln einer Befragung im strafrechtlichen Kontext entsprechen nicht denen der Alltagskommunikation, an die Kinder etwa aus dem Schulunterricht gewöhnt sind. Aus diesem Grunde ist zu Beginn eine explizite Instruktion erforderlich (Johnson et al. 2016).

> ❯ Werden die spezifischen Erwartungen an die Art der Kommunikation in einer Befragungssituation nicht ausdrücklich benannt (hier vor allem ausführliche, eigenständige Schilderungen), dann werden viele Aussagende unterhalb der ihnen möglichen Aussageleistung bleiben.

Die Erwartungen sollten zudem nicht nur benannt, sondern auch im Rahmen eines **Übungsinterviews** fallneutral demonstriert werden. Eine solche Übungsmöglichkeit kann auch dazu geeignet sein, bis zu einem gewissen Grade Benachteiligungen von Kindern und Jugendlichen aus bildungsfernen Familien und solchen mit Migrationshintergrund auszugleichen, die ansonsten mangels Übung narrativer Kompetenzen in ihrer Herkunftsfamilie eine geringere Chance haben, die kommunikativen Erwartungen zu erfüllen (vgl. Kiegelmann 2010; Weinert 2010).

Mit zunehmendem Alter und zunehmender Erfahrung in Bildungseinrichtungen erweitert sich auch der Wortschatz von Kindern und Jugendlichen, abstraktere Konzepte und Fremdwörter werden vertrauter und Metaphern können verstanden werden. **Metaphern** werden ohne Entwicklungsverzögerung oder kognitive Beeinträchtigung erst ab 10 Jahren zuverlässig verstanden. Die in der Befragungspraxis zu beobachtende Verwendung von Metaphern (z. B. „Was wir hier machen, ist wie bei einem Puzzle, bei dem man die einzelnen Teile zusammensetzen muss, um ein Bild vom Ganzen zu bekommen."), ist vor diesem Hintergrund insbesondere bei jüngeren Kindern und bei Jugendlichen mit intellektuellen Beeinträchtigungen sowie bei Aussagenden mit Autismus ungeeignet, scheint aber in der Vernehmungspraxis gerade bei Aussagenden mit Verständnisschwierigkeiten eingesetzt zu werden. Darüber hinaus könnte der im vorhergehenden Beispiel angeführte Hinweis auf ein Spiel auch die ungünstige Assoziation wecken, dass man sich in einer Spielsituation befinde, was in der Befragungssituation unbedingt vermieden werden sollte (▶ Abschn. 4.4).

Kinder im 4. Lebensjahr verfügen in der Regel über einen grundlegenden lexikalischen und grammatikalischen Bestand ihrer Muttersprache. Ihr aktiver Wortschatz steigt in diesem Lebensjahr durchschnittlich von 300 auf 1500 Wörter an, im 5. Lebensjahr gibt es einen Anstieg auf durchschnittlich 2500 Wörter, Kinder dieser Altersstufe können normalerweise auch Farben benennen und bis zehn zählen. Auch wenn Kindergartenkinder somit bereits über einen großen Wortschatz verfügen, ist dieser doch deutlich kleiner, weniger deskriptiv und stärker idiosynkratisch (d. h. eigentümlich, kindspezifisch) als der Erwachsener[2]. Zudem haben Kinder dieses Alters häufig noch Schwierigkeiten mit der Lautbildung und sprechen insbesondere längere und komplizierte Wörter (sofern sie diese nicht ohnehin vermeiden) abweichend aus. Bei jüngeren Kindern sind auch ein wörtliches Wortverständnis sowie eine überspezifische Verwendung von Kategorien zu beobachten (z. B. werden Schuhe nicht zur Kleidung gezählt oder die Frage, ob sie in der Wohnung gewesen seien, fälschlicherweise verneint, weil es sich um ein Haus handelte), dies kann bei der Benutzung von Abstraktionen und Oberbegriffen leicht zu Missverständnissen und scheinbaren Widersprüchen führen.

Alle vorgenannten sprachlichen Eigenheiten dieser Altersgruppe können sehr leicht zu Missverständnissen führen (zusammenfassend Volbert 2014a, 2015). Aber auch bei älteren Kindern sind Ausdrucksprobleme bzw. die Uneindeutigkeit von Formulierungen mit einer erheblichen Gefahr von Missverständnissen seitens Befragender verbunden. Eindrucksvolle Beispiele missverständlicher Äußerungen von Kindern berichtet Loohs (1996). Sie ließ Kinder, welche zuvor eine Zaubervorführung gesehen hatten, berichten, was sie gesehen hatten. Aussagen der Kinder lauteten beispielsweise „Der Zauberer hat zu Anfang gar nichts angehabt" (tatsächlich hatte der Zauberer zu Beginn keinen Zauberumhang an), „Der Zauberer hatte keine Hose an" (tatsächlich hatte er keine Zauberhose dabei, sondern nur einen Zauberumhang), „Der Zauberer hat so ein Ding gehabt, da hat er dran rumgemacht, dann ist das hoch" (tatsächlich hatte der Zauberer zwei Stäbe aus Bambus mit Bommeln an Schnüren daran, wenn er an der einen Bommel anzog, ging die andere nach oben) oder „…und dann hat er angezogen, an so einem Pimmel, dann ist der hochgefahren" (tatsächlich hatte er angezogen, an so einem

---

Bommel, der dann hochfuhr). Dass naheliegende Fehlinterpretationen derartiger Äußerungen Verdächtigungen auslösen können, die im weiteren Verlauf möglicherweise suggestive Befragungen nach sich ziehen können, ist leicht vorstellbar (Köhnken 2003b).

❯ **Je defizitärer das Vokabular und je schlechter die Artikulation des Kindes sind, desto größer ist die Gefahr, dass kindliche Angaben falsch verstanden oder fehlinterpretiert werden (Walker 1993).**

Dies gilt nicht allein für jüngere Kinder und Aussagende mit intellektuellen Einschränkungen, sondern je nach Aneignung der Landessprache auch für Aussagende, die eine andere Muttersprache sprechen.

Nicht zuletzt aus diesem Grunde müssen Befragende der Versuchung widerstehen, im Rahmen der Einvernahme in Alltagskommunikation zu verfallen. Gerade die Alltagskommunikation mit Kindern wird üblicherweise vom Erwachsenen stark dominiert. Befragungen stellen jedoch eine aus dem Alltag herausgehobene Kommunikationsform dar, welche nicht nur Kompetenzen der Befragten, sondern auch besondere Kompetenzen der Befragenden erfordert. Befragende müssen einige Gewohnheiten der normalen Alltagskommunikation mit Kindern unterdrücken, so sind etwa „Baby-Talk" oder das Erraten dessen, was das Kind möglicherweise sagen möchte, das Ergänzen begonnener Sätze etc. im Befragungskontext unangemessen. Auch umgangssprachliche oder dialektspezifische Begriffe, die sich je nach Landstrich stark unterscheiden können, sollten nicht von der befragenden Person eingeführt werden, weil diese unterschiedlich gut verstanden und nicht einheitlich verwendet werden. Werden diese von der aussagenden Person selbst verwendet, sollten diese durchaus aufgegriffen und dabei sichergestellt werden, was damit gemeint ist.

❯ **Gleichzeitig ist eine alters- bzw. entwicklungsgerechte Sprache zentral.**

Formuliert man Fragen nicht altersangemessen, indem man beispielsweise veraltete Begriffe verwendet oder komplexe Satzstrukturen benutzt, bemerken jüngere Kinder oftmals gar nicht, dass sie die komplexen Fragen nicht verstanden haben. Auch wenn sie es gemerkt haben, neigen sie dazu, trotzdem eine Antwort zu geben, statt darauf hinzuweisen. Kinder geben häufig selbst dann eine Antwort, wenn die Frage unsinnig ist (Waterman et al. 2004). Dies gilt auch für ältere Aussagende mit intellektueller Beeinträchtigung, die sich ihrer Beeinträchtigung bewusst sind und sich schämen, sich die Blöße zu geben, wieder einmal etwas nicht zu wissen oder nicht zu verstehen. Bei jüngeren Kindern und älteren Aussagenden mit entsprechend jungem mentalen Entwicklungsalter kann man nicht davon ausgehen, dass sie über ein Verständnis der reziproken Verpflichtung (als Teil pragmatischer Sprachkompetenz) verfügen, also der Verpflichtung, sicherzustellen, dass sie verstanden wurden und den anderen verstanden haben. Ebenso besteht noch kein Verständnis für Themenkohärenz, wodurch es zu sprunghaften Themenwechseln kommen kann, auf die nicht hingewiesen wird (zum Ganzen Lamb et al. 2011b). Obwohl zentrale Aspekte der Sprache im Kindergartenalter erworben werden, wird u. a. die für Befragungen wesentliche pragmatische Sprachkompetenz noch deutlich ins Schulalter hinein weiter ausgebaut (Kiegelmann 2010).

Hinweise und Empfehlungen zur Befragung

- Kindergartenkinder können sagen, wer was wo getan hat, wann, wie und warum können erst ältere Kinder sinnvoll beantworten.
- Kinder bis 7 Jahre können sagen, ob etwas nicht, ein bis drei Mal oder häufiger als drei Mal passiert ist, differenziertere Häufigkeitsangaben kann man erst später erwarten.
- Jüngere Kinder können unangekündigt das Thema wechseln, achten Sie sorgfältig darauf, worauf sich Angaben beziehen, sonst können erhebliche Missverständnisse entstehen, die von Kindern jüngeren Alters nicht korrigiert werden.
- Sind Kinder und Jugendliche nicht genau darüber informiert, was von ihnen erwartet wird, machen sie wahrscheinlich eine schlechtere Aussage, als sie eigentlich könnten; sagen Sie explizit, was erwartet wird (vor allem ausführliche, eigenständige Schilderung).
- Achten Sie auf Verständnissicherung – lassen Sie Aussagende z. B. in eigenen Worten wiedergeben, was sie von der Belehrung verstanden haben.
- Sätze und Fragen sollten immer kurz und einfach strukturiert sein.
- Stellen Sie niemals mehr als eine Frage auf einmal.
- Vermeiden Sie Passivkonstruktionen (nicht: „Ist gesprochen worden?", sondern: „Hat XY etwas gesagt?") und Verneinungen („Hat er dir das gezeigt?" statt „Hat er dir das nicht gezeigt?").
- Verwenden Sie keine „Babysprache."
- Wenn eine Äußerung unverständlich war, bitten Sie das Kind, diese zu wiederholen oder es Ihnen zu erklären. Versuchen Sie niemals, zu erraten, was gemeint sein könnte.
- Interpretieren Sie mehrdeutige Äußerungen nicht (schließen Sie z. B. nicht von Luftballon auf Kondom).
- Bedenken Sie, dass ein Wort für ein Kind andere Bedeutung haben kann als für Sie (z. B. sind Schuhe und Badeanzüge nicht unbedingt Kleidung für ein Kind).
- Nutzen Sie die vom Kind verwendeten Begrifflichkeiten und stellen Sie sicher, dass Sie verstehen, was gemeint ist.
- Vermeiden Sie Abstraktionen (z. B. Oberbegriffe wie Kleidung oder Handlungen).
- Verwenden Sie von sich aus keine Umgangssprache, aber greifen Sie Begrifflichkeiten des Kindes durchaus auf.
- Sprechen Sie mit einem Jugendlichen mit geistiger Behinderung nicht wie mit einem kleinen Kind. Zwar sollten Sie eine einfache Sprache verwenden, sich dabei aber stets darüber im Klaren sein, dass Sie es mit einem Jugendlichen zu tun haben, der altersentsprechende emotionale und sexuelle Bedürfnisse und das Selbstverständnis eines Jugendlichen hat.
- Verwenden Sie bei Kindern unter 10 Jahren und Jugendlichen mit einer geistigen Behinderung oder einer Autismus-Spektrum-Störung **keine** Metaphern, um etwas zu veranschaulichen.

- Verzichten Sie bei jüngeren Kindern und Jugendlichen mit einer geistigen Behinderung auf Personalpronomen, benennen Sie stattdessen die Personen namentlich.
- Weisen Sie bei Kindern und Jugendlichen mit einer geistigen Behinderung immer explizit darauf hin, wenn Sie zu einem anderen Thema wechseln müssen.

Insgesamt unterstreichen die Ausführungen die Wichtigkeit einer einfachen Sprache. Eine solche empfiehlt sich indes nicht allein für die Befragung von jüngeren Kindern, sondern dürfte generell sinnvoll sein. Denn auch für erwachsene Aussagende mit intellektueller Beeinträchtigung bildete die Komplexität der Sprache eine zentrale Kritik an der aktuellen Gestaltung von Strafverfahren (Krüger et al. 2012). Oertle (2009) weist zu Recht daraufhin, dass selbst gut ausgebildete Erwachsene erhebliche Probleme damit haben, die Rechtsbelehrung gemäß Schweizer StPO zu verstehen. Eine in der Praxis bisweilen zu hörende, fatalistisch anmutende Grundhaltung („das versteht ohnehin kein Mensch, man muss es einfach formal korrekt erledigt haben") rechtfertigt dieser Umstand allerdings nicht, vielmehr lässt sich daraus ableiten, dass es nicht allein für Kinder, sondern insgesamt lohnen würde, sich Gedanken über die Verständlichkeit des juristischen Fachjargons bzw. über den Einsatz **leichter Sprache** im Strafverfahren zu machen. Denn dass verständliche Erläuterungen des Strafverfahrens bzw. eine Reduzierung juristischer Komplexität grundsätzlich möglich sind, demonstrieren nicht zuletzt auch Materialien, die international im Zusammenhang mit Gerichtsvorbereitungsprogrammen für Kinder unterschiedlicher Altersstufen (auch für Kindergartenkinder) entwickelt wurden (z. B. Hille et al. 1996 oder für den zivilrechtlichen Kontext: z. B. MMI und UNICEF Schweiz 2014).

4.3 Entwicklung der Täuschungsfähigkeit im Hinblick auf Verschweigen und Leugnen

Da vielfach davon ausgegangen wird, dass Kinder über sexuellen Missbrauch gar nicht oder höchstens in Andeutungen berichten, stellt sich die Frage, ab welchem Alter Kinder überhaupt dazu in der Lage sind, kritische Teile von Erlebnissen gezielt zu verschweigen und dies auch bei Nachfragen durchzuhalten, ohne sich sofort zu verraten. Hierfür sind nämlich erhebliche Täuschungsfähigkeiten erforderlich, deren Entwicklung an die kognitive Entwicklung gekoppelt ist (z. B. Niehaus 2005; Talwar und Crossman 2012).

Zwar konnten Untersuchungen zeigen, dass Kinder schon sehr früh über effektive Strategien zur Manipulation des Verhaltens ihrer Bezugspersonen verfügen und auch schon früh die Frage nach einer selbst ausgeführten, unerlaubten Handlung fälschlicherweise verneinen können, gleichzeitig bestätigen die empirischen Befunde aber in Übereinstimmung mit Erkenntnissen der Theory of Mind, dass Kinder erst im Alter von 3 bis 4 Jahren zu verstehen beginnen, dass sie mit falschen Angaben bei einem Gesprächspartner eine falsche Annahme über einen Sachverhalt bewirken können (Sodian 1991).

Die **Theory of Mind** bezieht sich auf das Verständnis und die Vorhersage von Handlungen anderer Personen aufgrund von Informationen über deren Absichten und Ziele einerseits und deren Überzeugungen und Glauben andererseits. Die Erkenntnis, dass es einen mentalen Bereich gibt, ist eine notwendige Voraussetzung für das Verständnis, dass andere Menschen andere Überzeugungen als man selbst haben können. Im gegebenen Zusammenhang ist besonders die Fähigkeit von Bedeutung, zu verstehen, dass Menschen falsche Überzeugungen haben können und dass man falsche Annahmen in anderen erzeugen kann (Wellman 1992, 2014). Das Konzept der Theory of Mind ist daher sowohl hinsichtlich der Möglichkeit gezielter Falschangaben als auch hinsichtlich der Anfälligkeit für Fremdsuggestion ein hoch relevantes Konstrukt, denn nur Kinder, welche eine Theory of Mind entwickelt haben, können gezielte Falschangaben machen oder beispielsweise eine befragende Person korrigieren, die offensichtlich von falschen Annahmen ausgeht oder sie falsch verstanden hat.

Die gezielte Täuschung einer Person setzt voraus, dass ein Kind zunächst einmal versteht, dass man über subjektive Annahmen („Beliefs") verfügen kann, die von der Realität abweichen, diese Erkenntnisstufe wird als **First-Order-Belief-Verständnis** bezeichnet (Wimmer und Perner 1983). Damit einhergehend entwickelt sich auch erst ein Verständnis dafür, was ein Geheimnis ist (Meares und Orlay 1988). Kinder, die diese Erkenntnisstufe erreicht haben, sind also grundsätzlich dazu in der Lage, zu lügen und etwas zu verschweigen. Allerdings haben Kinder im Alter von 4 bis 6 Jahren noch erhebliche Schwierigkeiten, ihr Aussageverhalten durch weitere falsche Angaben ihrer anfänglichen falschen Behauptung anzupassen.

Talwar und Lee (2002) berichten, dass sich 70% der 3- bis 7-jährigen Kinder verrieten, die auf Nachfrage Nichtwissen simulieren mussten, um ihre anfängliche falsche Behauptung, eine Regel nicht gebrochen zu haben, aufrechtzuerhalten. Die Kompetenz, die diesen 70 % noch fehlte, um ihre Täuschung bei Nachfragen aufrechterhalten zu können, bezeichnen Talwar und Lee als „semantic leakage control". Während 3- bis 5-Jährige offenbar gar nicht zu realisieren scheinen, dass sie nicht nur eine Information zurückhalten, sondern auch ihr übriges Antwortverhalten anpassen müssten, scheinen 7-jährige Kinder – wenngleich mit mäßigem Erfolg – zumindest darum bemüht (Talwar und Lee 2008). Im Alter von 7 oder 8 Jahren beginnt sich diese Fähigkeit auszubilden. Kindern gelingt es dann zunehmend besser, effektiv zu täuschen. Dieser Fortschritt scheint mit dem wachsenden Verständnis einherzugehen, dass eine Annahme über eine Annahme einer anderen Person falsch sein kann (Talwar et al. 2007). Dieses Verständnis wird als **Second-Order-Belief-Verständnis** bezeichnet (Perner und Wimmer 1985) und beginnt sich etwa mit 6 Jahren auszubilden und bis in die Adoleszenz weiterzuentwickeln (zusammenfassend Volbert 2014a).

Ein spezifischer und gravierender Entwicklungsrückstand in der Ausbildung der Theory of Mind wurde für autistische Kinder gefunden (Baron-Cohen 2001). Kinder mit **Autismus** haben Schwierigkeiten, die Perspektive zu wechseln. Im Alltag spiegeln sich diese Schwierigkeiten z. B. in Problemen wider, Geheimnisse zu behalten oder zu lügen. Schlichte Lügen, etwa um Bestrafung zu vermeiden oder jemanden nicht zu beschämen, sind aber grundsätzlich möglich, auch wenn dieses Verhalten vermutlich durch Konsequenzen erlernt wurde und nicht auf einem Erkenntnisgewinn im Sinne der Theory of Mind basiert (Li et al. 2010). Autistische Kinder und Jugendliche scheinen in der Regel nicht dazu in der Lage zu sein, komplexe Theory-of-Mind-Aufgaben zu lösen, entsprechend sind auch komplexe Täuschungshandlungen wie das Aufrechterhalten einer komplexeren Falschaussage bei Nachfragen nicht von ihnen zu erwarten. Personen mit Autismus auf hohem Funktionsniveau und im Erwachsenenalter bereiten einfache Aufgaben der Perspektivenübernahme allerdings meist keine Schwierigkeiten (zusammenfassend Dziobek und Bölte 2009).

Was die Möglichkeit junger Kinder anbelangt, ein tatsächliches Erlebnis zu verschweigen, ist somit zu resümieren, dass diese bei normaler Entwicklung ab 4 Jahren Informationen verschweigen können. Eine effektive Geheimhaltung im Sinne einer Anpassung der anschließenden Angaben an die initial falsche Behauptung bei Nachfragen („semantic leakage control") ist jedoch in der Regel erst im Alter von 7 bis 8 Jahren möglich. Auch dann dürften die kognitiven Anforderungen einer Geheimniswahrung, die bei wiederholten und intensiven Befragungen komplexe Antizipationsleistungen und ein hohes Maß an Handlungskontrolle erfordern, allerdings noch rasch zu hoch werden, insbesondere dann, wenn für das effektive Verschweigen eines Erlebnisses das Erfinden alternativer Handlungsbeschreibungen notwendig wird (Volbert 2014a). Volbert weist zudem darauf hin, dass die grundsätzliche kognitive Fähigkeit, Informationen zu verschweigen, nicht unbedingt mit der Motivation einhergehen muss, dies etwa auf Aufforderung auch tatsächlich zu tun.

Internationale Studien verweisen darauf, dass viele missbrauchte Kinder tatsächlich nicht oder erst mit sehr großer Verzögerung über einen sexuellen Missbrauch berichten (z. B. London et al. 2005). Für dieses Verschweigen kann es unterschiedliche Gründe geben: Ängste, Mangel an Gelegenheit, fehlendes Verständnis, Drohungen des Täters oder eine enge Beziehung zum Täter (Coulborn Faller 2016). Das bedeutet allerdings nicht, dass Kinder bei entsprechendem Gesprächsangebot tatsächliche Erlebnisse abstreiten, also aktiv leugnen. Die Befundlage spricht vielmehr gegen diese Annahme und stattdessen dafür, dass viele sexuell missbrauchte Kinder, die sich nicht geäußert haben, nie einen vertrauenswürdigen Ansprechpartner in einer belastbaren Fürsorgebeziehung gehabt haben.

> Die Annahme, dass Missbrauchsopfer bei expliziter Befragung aufgrund einer Geheimhaltungsinstruktion des Täters entsprechende Erlebnisse regelmäßig abstreiten, lässt sich empirisch nicht bestätigen, im Gegenteil sprechen vorliegende Befunde dafür, dass der größere Teil missbrauchter Kinder bei entsprechendem Gesprächsangebot über seine Erlebnisse berichten wird (zusammenfassend Volbert 2015).

Geht man gleichwohl von der Annahme aus, dass Kinder Missbrauchserlebnisse **regelmäßig** auch bei Gesprächsangeboten verschweigen, kann dies leicht zu suggestiven Befragungen führen, weil man erreichen möchte, dass vermutete Geheimnisse preisgegeben werden. Im Falle eines tatsächlichen Erlebnisses führen diese suggestiven Befragungen zu einer Unbrauchbarkeit etwaiger späterer Angaben (▸ Kap. 5).

Hinweise und Empfehlungen zur Befragung

- Bedenken Sie, dass normal entwickelte Kinder erst ab 4 Jahren wissen, was ein Geheimnis ist, und dass sie es bei näheren Nachfragen erst ab etwa 8 Jahren effektiv wahren können.
- Gehen Sie davon aus, dass sehr viele sexuell missbrauchte Kinder bei einem angemessenen Gesprächsangebot berichten werden.
- Akzeptieren Sie es, wenn ein Kind auf Nachfrage bestreitet, dass etwas vorgefallen ist.
- Bedenken Sie dabei immer, dass Sie (ohne Beweismaterial) nicht wissen können, ob tatsächlich etwas vorgefallen ist.
- Bedenken Sie, dass Kinder mit einer autistischen Störung höchstens zu sehr schlichten Lügen in der Lage sind, nicht aber dazu, komplexe Falschangaben zu machen bzw. etwas effektiv zu verschweigen oder ihre Antworten bei Nachfragen an die eingangs vorgebrachte Lüge anzupassen.

Zusammenfassend ist somit festzuhalten, dass Kinder bei normaler Entwicklung ab 4 Jahren wissen, was ein Geheimnis ist, und es ihnen erst ab 8 Jahren gelingt, dieses effektiv zu wahren, wenn differenziert nachgefragt wird. Viele sexuell missbrauchte Kinder erzählen deswegen verspätet oder gar nicht von ihren Erlebnissen, weil sie keinen Ansprechpartner haben; aktives Verschweigen bei angemessenem Gesprächsangebot ist nicht die Regel. Wenn ein Kind bestreitet, dass etwas vorgefallen ist, ist dies daher zu akzeptieren, denn nur der bzw. die Betroffene weiß, ob etwas vorgefallen ist, die befragende Person weiß es nicht (Coulborn Faller 2016).

4.4   Unterscheidung von Fakt und Fantasie

Fantasie- und Als-ob-Spiele sind typisch für kindliches Spielverhalten; dass Kinder nicht zwischen Fakt und Fantasie unterscheiden können, lässt sich daraus nicht ableiten. Dreijährige können bereits zwischen einem Vorstellungsbild und einem realen Objekt unterscheiden, auch 4- bis 6-jährige Kinder sind sich jedoch unter bestimmten Umständen noch nicht sicher, ob es nicht doch möglich ist, dass etwas zu existieren beginnt, das man sich zuvor vorgestellt hat. So berichten Harris et al. (1991), dass Kinder dieser Altersgruppe im Rahmen eines Experimentes in eine „Häschenschachtel" fassten, sich aber angesichts einer „Monsterschachtel" ängstlich zeigten, nachdem sie sich vorgestellt hatten, dass sich in einer Schachtel entweder ein Monster oder ein Häschen befindet, und anschließend mit den Schachteln allein gelassen worden waren. Wurde den Kindern zuvor deutlich gemacht, dass das Als-ob-Spiel nun beendet sei, zeigten die Kinder dieses Verhalten hingegen nicht (Golomb und Galasso 1995).

Auch Kindergartenkinder können also schon zwischen Fiktion und Realität unterscheiden, wählen aber oft die Fantasieebene, wenn sich hieraus keine praktischen Konsequenzen ergeben und die Ebene nicht festgelegt wird.

> ❯ Diese Befunde unterstreichen, dass Kinder in rechtlich relevanten Befragungen keinesfalls in Als-ob-Situationen gebracht werden dürfen (Volbert 2010a, 2014a).

Fördert man diesen Modus, dann begeben sich junge Kinder rasch auf die fiktive Ebene, ohne dies zu signalisieren (Principe und Smith 2008). Daher sind in Befragungsräumen auch Puppen und **Spielmaterialen** fehl am Platze. Kinder werden durch diese angeregt, sich auf die Fantasieebene zu begeben. Aus demselben Grunde sind während der Anwärmphase Gespräche über Filme, Videospiele u. Ä. zu vermeiden (zum Ganzen Earhart et al. 2016; Lamb et al. 2011b). Durch Spielzeug im Raum werden zudem ohne Not insbesondere die Kinder abgelenkt und auch in ihrer Interpretation der Situation irritiert, die es aufgrund ihres jungen Alters, einer intellektuellen Beeinträchtigung oder Aufmerksamkeitsstörung ohnehin schwerer haben, sich auf die Befragung zur Sache zu konzentrieren (Rohrabaugh et al. 2016).

> ❯ Eine Testung der Unterscheidungsfähigkeit zwischen Wahrheit und Lüge mit entsprechenden Fragen ist nicht geeignet, die Bereitschaft zu erhöhen, wahrheitsgemäße Angaben zu machen.

Diese in Leitfäden zur Befragung von Kindern im forensischen Kontext enthaltenen und in der Folge regelmäßig in der Befragungspraxis anzutreffenden Fragen zur Unterscheidung von Lüge und Wahrheit (z. B. mittels falscher und richtiger Angaben zur Farbe von Gegenständen oder Kleidung oder zum Wetter) sind aus psychologischer Sicht sinnlos:

- Das begriffliche Verständnis dessen, was als Lüge bezeichnet wird, verändert sich im Laufe der Entwicklung enorm, Jugendliche und Erwachsene würden eine falsche Angabe in diesem Zusammenhang ohnehin eher als Irrtum denn als Lüge bezeichnen.
- Es besteht gar kein Zusammenhang zwischen der Lösung dieser Aufgabe und der Zuverlässigkeit späterer Angaben. Die offenkundige Sinnlosigkeit dieses Pseudotests räumen sogar die Autoren entsprechender Leitfäden mit bemerkenswerter Offenheit ein. So geben etwa Poole und Lamb (1998) an, dass es zwar keinen Beleg für die Brauchbarkeit dieser Prozedur gebe, es für Juristen aber erfahrungsgemäß zufriedenstellend sei, wenn solche Gespräche geführt würden.
- Von der Unsinnigkeit dieses Vorgehens einmal abgesehen, können sich solche Vorgespräche unter Umständen sogar sehr ungünstig auf den Verlauf der Befragung wie auch die Beurteilung der Aussageperson durch Verfahrensbeteiligte auswirken, nämlich dann, wenn das Kind die Fragen nicht richtig beantwortet (was nicht selten zu beobachten ist), z. B. weil es Farben noch nicht erkennen kann oder weil es Lügen anders definieren würde. Dieses Versagen könnte von Juristen wiederum als nicht gegebene Aussagetüchtigkeit fehlinterpretiert werden (Lyon 2011). Bei älteren Kindern und Jugendlichen dürften bei solchen Fragen zudem Zweifel daran aufkommen, dass sie ernstgenommen werden.

Psychologisch sinnvoller wäre es in diesem Sinne dagegen, sich ein entsprechendes Versprechen des Kindes geben zu lassen; ein solches **Versprechen** kann die Verbindlichkeit, wahrheitsgemäß auszusagen, durchaus erhöhen (Lyon 2011). Hinsichtlich der Zuverlässigkeitsmotivation bleibt in diesem Zusammenhang anzumerken, dass es bisweilen vorkommen kann, dass sich einzelne Kinder dieser Altersgruppe, die grundsätzlich ohne Weiteres dazu in der Lage sind, zwischen Realität und Fantasie zu unterscheiden, nicht verpflichtet zu sehen scheinen, wahrheitsgemäße Angaben zu machen (Michaelis 1970). Deren Antworten können in der Folge beliebig und insofern forensisch nicht verwertbar sein, obwohl relevante Fähigkeiten vorhanden sind (Volbert 2010a). Solche Auskunftspersonen wird man auch durch Versprechungen wohl nicht zu verlässlichen Angaben veranlassen können; nicht selten fällt deren Aussageverhalten aber bereits fallneutral auf.

Hinweise und Empfehlungen zur Befragung
- Bringen Sie ein Kind im Rahmen einer Befragung niemals in eine Als-ob-Situation oder eine andere Spielsituation.
- Sprechen Sie bereits vor der Befragung zur Sache nicht über Dinge, die mit der Fantasie-Ebene assoziiert sind (z. B. Videospiele, Filme).
- Halten Sie Befragungsräume frei von Spielzeug.
- Wenn ein Kind ein Spielzeug oder ein Kuscheltier selbst mitbringt, ist das in Ordnung, solange Sie es in der Befragung nicht für Als-Ob-Spiele verwenden.
- Verzichten Sie auf sinnlose Rituale wie den „Wahrheits-Lüge-Check".
- Weisen Sie das Kind besser darauf hin, dass es nicht absichtlich etwas Falsches über jemanden sagen darf, und lassen Sie es versprechen, dass es sich daran hält.

Es lässt sich somit zusammenfassend festhalten, dass Kinder schon früh dazu in der Lage sind, zwischen Fakt und Fantasie zu unterscheiden, dass sie aber noch länger dazu geneigt sind, auf die Fantasieebene zu wechseln, insbesondere dann, wenn in der Situation entsprechende Hinweisreize gegeben sind. Reize, die sie anregen könnten, sind in forensisch relevanten Befragungen deswegen unbedingt zu vermeiden.

4.5   Emotionsentwicklung

Im Hinblick auf die Bedeutung eigenpsychischer Vorgänge erscheint auch die Emotionsentwicklung relevant. Grundlegende Emotionen wie Freude, Ärger, Trauer und Furcht werden bereits zum Ende des ersten Lebensjahres empfunden (Sroufe 1996; zum Ganzen Salisch und Kunzmann 2005 sowie Ziegenhain 2004). Auf das Selbst bezogene Emotionen (Stolz, Scham, Schuld) werden in Abgrenzung zu den Basisemotionen als komplexe Emotionen bezeichnet, deren Entwicklung an die Entwicklung kognitiver Fähigkeiten gebunden zu sein scheint (Lagattuta und Thompson 2007). Vor dem Erreichen des 2. Lebensjahres scheinen Kinder nicht zu reflektieren, was eine andere Person über ihre Handlungen denken könnte. Bis zum Kindergartenalter scheint das Auftreten aufgrund des fehlenden Theory-of-Mind-Verständnisses (► Abschn. 4.3.) noch an eine Rückmeldung durch Erwachsene gebunden zu sein, erst mit etwa 5 bis 6 Jahren scheinen Standards so weit verinnerlicht zu sein, dass entsprechende Emotionen auch ohne Rückmeldung auftreten.

Der Erwerb des für Befragungen wesentlichen Wissens über grundlegende und komplexe Emotionen ist aber offenbar erst deutlich später abgeschlossen (Janke 2008). Differenzierte Angaben zu emotionalen Zuständen, etwa eine Beschreibung eigener ambivalenter emotionaler Zustände, sind auch im Primarschulalter noch nicht zu erwarten (Janke und Schlotter 2010).[3] Personen mit Autismus zeigen auch Besonderheiten im Erleben von Emotionen, allerdings scheinen die Unterschiede geringer als bislang angenommen. Subtilere Ausdrucksformen, allen voran soziale Emotionen wie Eifersucht oder Verlegenheit werden von ihnen meist nicht genügend mimisch ausgedrückt, auch verwenden sie weniger Gesten. Was die Empathiefähigkeit anbelangt, ist nur die kognitive Empathie beeinträchtigt, nicht die emotionale. Auch hinsichtlich der Unfähigkeit, Gefühle zu identifizieren (Alexithymie), bestehen Probleme eher dabei, Gefühlen in Worte zu fassen (kognitiver Aspekt) als diese zu erleben (zusammenfassend Dziobek und Bölte 2009).

Im Zusammenhang mit Aussagen über Missbrauchserlebnisse kann zudem eine Form der Scham relevant werden, die mit dem Berichten über vorgenommene oder erlebte sexuelle Handlungen einhergeht. Auch wenn Schuhrke (1998) zeigen konnte, dass selbstbezogene Körperscham bei einigen Kindern bereits im Alter von 3 Jahren zu beobachten ist, ist der größte Zuwachs selbstbezogener Körperscham bei Kindern im Laufe des 6. Lebensjahres festzustellen.[4] In diesem Alter gehen auch eigene sexuelle Aktivitäten in Gegenwart von Erwachsenen typischerweise zurück; ab 6 Jahren zeigen Kinder bezüglich Nacktheit und sexueller Handlungen in der Regel Scham und Verlegenheit (Gordon und Schroeder 1995). Eine weitere deutliche Zunahme des Schamgefühls ist in der Regel auch noch einmal im Alter von 8 oder 9 Jahren zu erwarten (zum Ganzen Volbert 2010b). Schamempfinden bezüglich sexueller Handlungen setzt zumindest ansatzweise eine Einsicht in die Bedeutung sexueller Vorgänge voraus. Bei Kindern im Kindergartenalter dürfte diese Einsicht noch eher selten gegeben sein. Kinder, die über diese Einsicht noch nicht verfügen, schildern sexuelle Handlungen aufgrund dessen auch mit einer größeren Unbefangenheit als ältere Kinder.

Scham- und Schuldgefühle im Zusammenhang mit erlebtem sexuellem Missbrauch (etwa wegen angenommener und vom Täter unterstrichener Eigenverantwortung) spielen also erst ab dem Schulalter eine bedeutsame Rolle (zusammenfassend Fegert 2002).

> **Dass Kinder, die jünger als 6 Jahre sind, aus Scham nicht von sexuellen Handlungen berichten, ist eher nicht zu erwarten.**

Bei älteren Kindern, die verbal oder nonverbal Scham äußern, kann es zur Reduzierung von Hemmungen oftmals schon beitragen, wenn man Verständnis dafür äußert, dass es ungewohnt ist, einem fast Unbekannten gegenüber intime Details zu berichten, und gleichzeitig deutlich macht, dass der Befragende regelmäßig solche Gespräche führt und das Kind sich jedenfalls vor dem Befragenden nicht zu genieren braucht.

---

3   Die Differenziertheit weist allerdings (auch im Erwachsenenalter) erhebliche interindividuelle Unterschiede auf, wobei u. a. Sozialkompetenz und Introspektionsfähigkeit eine Rolle spielen dürften.

4   Die interindividuellen Unterschiede dürften u. a. auch durch einen unterschiedlichen familiären Umgang mit Nacktheit beeinflusst sein.

> **Besonders wichtig ist indes, dass Eltern bei der Aussage zur Sache abwesend sind (Rohrabaugh et al. 2016).**

Im Gegensatz zu Kindergartenkindern sind nämlich Kinder im Primarschulalter und noch stärker Jugendliche in Gegenwart Verwandter in ihrem Aussageverhalten bezüglich sexueller Handlungen häufig sehr gehemmt (Arntzen 1978). Bei ausgeprägten Trennungsängsten der Eltern kann es in Ausnahmefällen sinnvoll sein, diese bei der Aufklärung über den Ablauf und bei der rechtlichen Belehrung anwesend sein zu lassen und anschließend zu erläutern, dass es üblich und insbesondere im Hinblick auf eine etwaige spätere Zeugenbefragung des Elternteils erforderlich ist, die Befragung zur Sache mit dem Kind allein durchzuführen.

Während bei der Befragung von sehr jungen Kindern mangelnde kognitive Voraussetzungen zur Herausforderung werden, müssen bei Jugendlichen intensiver als bei anderen Altersstufen Schambarrieren und Hemmungen beseitigt werden (Michaelis 1970). Neben Scham in Bezug auf die sexuellen Handlungen und der Vermeidung des belastenden Erinnerns kann zuweilen auch selbstwerterhaltendes Aussageverhalten eine Rolle spielen. Dies ist kann zum Beispiel dann von Bedeutung sein, wenn sich das eigene Verhalten und Erleben nicht mit sozial etablierten Geschlechterrollenerwartungen deckt. Wenn Jugendliche etwa auch positiv getönte Erfahrungen während sexueller Handlungen mit Erwachsenen gemacht haben, steigt aufgrund der Geschlechterrollenerwartungen die Wahrscheinlichkeit, dass prestigemindernde Aspekte umgedeutet oder verschwiegen werden (zusammenfassend Greuel et al. 1998).

Empfehlungen und Hinweise zur Befragung
- Fragen Sie Aussagende nicht explizit nach Gefühlen, fragen Sie besser, wie es ihnen in der Situation gegangen ist.
- Das kann (vor allem bei Jugendlichen) sehr aufschlussreich sein, muss es aber nicht: Erwarten Sie keine differenzierten Angaben zu eigenen Emotionen (z. B. zu ambivalenten emotionalen Zuständen) oder Gedankengängen, insbesondere noch nicht bei Kindern in den frühen Primarschuljahren.
- Vorschulkinder berichten in aller Regel unbefangen über sexuelle Details. Es gibt keinen Grund zu der Annahme, dass diese aus Scham Informationen zurückhalten würden.
- Demonstrieren Sie insbesondere bei gehemmten Aussagenden, dass Sie selbst ganz selbstverständlich und unbefangen mit der Thematik umgehen. Achten Sie darauf, dass sich diese Hemmungen nicht auf Sie übertragen und Sie es nicht mehr wagen, bei Unklarheiten notwendige sexuelle Details zu erfragen.
- Befragen Sie Kinder und Jugendliche zu den in Frage stehenden Sachverhalten möglichst in Abwesenheit der Eltern. Eltern können bei der Begrüßung und Aufklärung über den Ablauf der Befragung anwesend sein, sollten anschließend aber den Raum verlassen.

Es lässt sich somit zusammenfassen, dass Scham im Zusammenhang mit sexuellen Handlungen erst ab ca. 6 Jahren zu erwarten ist, wobei das Erleben dessen an Kenntnisse und die kognitive Entwicklung gekoppelt ist. Bei älteren Kindern und Jugendlichen ist die Abwesenheit der Eltern bei der Befragung von großer Bedeutung, andernfalls ist mit deutlicher Befangenheit zu rechnen. Bei Jugendlichen ist zudem mit einer stärker selbstwerterhaltenden Aussageweise zu rechnen (Auslassung prestigemindernder Aspekte).

Kindliche Suggestibilität und Suggestivität der Befragung

© Springer-Verlag GmbH 2017
Susanna Niehaus, Renate Volbert, Jörg M. Fegert,
Entwicklungsgerechte Befragung von Kindern in Strafverfahren,
DOI 10.1007/978-3-662-53863-0_5

Die hohe Prävalenz sexuellen Missbrauchs kann nicht bezweifelt werden (z. B. Barth et al. 2012, Jud et al. 2016). Das bedeutet aber nicht, dass es nicht auch nur vermeintliche Erinnerungen an sexuelle Übergriffe geben kann, die nicht auf realem Erleben basieren (zum Ganzen Volbert 2014b). Das Phänomen der Suggestion und damit einhergehende Probleme durch Verfälschungen von Aussagen sind zwar schon deutlich länger bekannt (Stern 1904), werden aber erst seit den 1970er Jahren intensiv beforscht (Köhnken 1997, 2003d; Volbert 1997). Auslöser hitziger Debatten und des daraus resultierenden gesteigerten Forschungsinteresses waren Aufsehen erregende Missbrauchsprozesse in den USA und nachfolgend in anderen Ländern (etwa in Deutschland die sogenannten „Wormser Prozesse"), in denen die suggestive Einflussnahme durch befragende Personen zu gravierenden Falschbehauptungen von zum Teil zahlreichen Kindern führte, und die schließlich zwar in Freisprüchen mündeten[1], die Existenzen der Beteiligten aber gleichwohl nachhaltig beeinträchtigten (Köhnken 1997; Steller 1998). Im doppelten Sinne Leidtragende sind in solchen Fällen zweifelsohne die betroffenen Kinder, bei denen im Verlaufe zahlreicher Befragungen – vermeintlich zum Wohle des Kindes – **Pseudoerinnerungen** erzeugt werden, die nicht allein die Beziehung zu vormals engen Bezugspersonen nachhaltig zerstören, sondern die Kinder zum Opfer machen, mit psychischen Folgen, wie sie auch bei echten Erinnerungen an Missbrauchserlebnisse auftreten können. Beeinflussung ist also nicht allein im Hinblick auf eine Gerichtsverwertbarkeit von Angaben, sondern auch im Sinne des Kindeswohls unbedingt zu unterlassen. Wie im Folgenden aufgezeigt wird, ist dies allerdings leichter gesagt als getan.

5.1   Suggestive Verhaltensweisen

Dass Fragen unterschiedliches suggestives Potenzial besitzen, ist seit den 1970er Jahren hinlänglich bekannt. Eine suggestive Beeinflussung kann dabei nicht allein von der Verwendung bestimmter Begriffe, sondern auch von der Formulierung der Frage ausgehen (Vorhaltfragen mit vorausgesetzten Fakten, implizite Erwartungen, unvollständige Auswahlfragen etc.).

- Grundsätzlich sollten insbesondere geschlossene Fragen vermieden werden, die **Einwortantworten** erfordern (z. B. **Ja-Nein-Fragen**), dies nicht allein aufgrund der potenziellen Suggestivität, sondern auch, weil diese nicht geeignet sind, einen freien Bericht anzuregen.
- Während **offene Fragen** oder **Bestimmungsfragen** (auch „W-Fragen" genannt) als wenig suggestiv einzuschätzen sind, weil mit ihrer Hilfe nur der Rahmen für die Antwort abgesteckt, nicht aber inhaltliche Erwartungen erkennbar werden, ist beispielsweise bereits bei unvollständigen Auswahlfragen (falls notwendig) unbedingt anzuraten, gezielt mehrere wahrscheinlich nicht zutreffende Antwortmöglichkeiten einzubauen und die Frage stets mit einer öffnenden Wendung („…, oder wie ist das gewesen? Erzähl' mal!") enden zu lassen.

---

1   Diese Freisprüche erfolgten erstmalig in der deutschen Rechtsgeschichte zum Teil sogar nicht nur aus Mangel an Beweisen, sondern wegen erwiesener Unschuld.

— Wird durch den Zusammenhang oder die Formulierung eine bestimmte Erwartung nahegelegt, spricht man von **Erwartungsfragen** (z. B. „Und danach hast du die Wohnung gleich verlassen?").

— Vermieden werden sollten auch **subtile Suggestionen**, bei denen in einem Nebensatz etwas bis dahin Unklares als selbstverständlicher Fakt präsentiert wird.

— Eine Möglichkeit, Erwartungen mitzuteilen, bieten in der Alltagskommunikation beispielsweise häufig verwendete **Wendungen** wie „wohl", „ja", „denn", „etwa" (z. B. „Du hast dann ja bestimmt deinen Eltern davon erzählt?"). Wie eine Mitteilung gemeint ist, ob etwa eine Frage von der befragten Person als echte Frage oder als Aufforderung zur Bestätigung oder zum Widerspruch verstanden werden soll, wird durch solche Wendungen, aber auch durch die Betonung eines Satzes ausgedrückt. Bei der Formulierung notwendiger Fragen ist insofern sorgfältig auf die Wortwahl und Betonung zu achten, wobei oben genannte Wendungen aufgrund ihrer Suggestionswirkung grundsätzlich nicht verwendet werden sollten.

Für eine ausführlichere Darstellung sei an dieser Stelle auf Endres, Scholz und Summa (1997) verwiesen (vgl. auch Arntzen 1978; Arntzen und Michaelis 1970; Spencer und Flin 1990; Warren und McGough 1996).

Unabhängig von den in Protokollen mehr oder weniger leicht zu identifizierenden Suggestivfragen lassen sich sechs Hauptformen suggestiver Verhaltensweisen in Befragungssituationen unterscheiden, die zum Teil sehr viel subtiler in Erscheinung treten und entsprechend weniger leicht zu identifizieren sind, wobei eine Kombination mehrerer dieser Techniken im negativen Sinne besonders effektiv ist (zusammenfassend Köhnken 2003d):

Induzierung von Stereotypen

Von einer Induzierung von Stereotypen spricht man, wenn einem Kind in Bezug auf den Angeschuldigten das Stereotyp eines bösartigen Menschen induziert wird, dem man einiges zutrauen kann. So kann etwa, um vermutete Ängste oder Blockaden zu überwinden, einem Kind gesagt werden, der Angeschuldigte habe böse Dinge mit Kindern angestellt und sei nun im Gefängnis. In der Folge kommt es nachgewiesenermaßen vermehrt zu unzutreffenden negativen Angaben über die Person des Angeschuldigten. So berichtete ein Mädchen in einer Studie von Tobey und Goodman (1992) beispielsweise über eine Person, die lediglich mit den Kindern gespielt hatte, „Ich glaube, der Babysitter hatte eine Pistole und wollte mich umbringen." Eine solche Induzierung kann zudem den Boden für weitere Formen suggestiver Beeinflussung bereiten, die in der Praxis oftmals in Kombination mit Stereotypisierungen anzutreffen sind.

Wiederholung von geschlossenen Fragen

Verschiedene Studien (z. B. Cassel et al. 1996) haben gezeigt, dass Kinder bei der Wiederholung einer geschlossenen Frage innerhalb einer Aussage dazu neigen, ihre Antwort zu ändern, weil sie denken, dass ihre erste Antwort unzulänglich gewesen sein muss, wenn noch einmal die gleiche Frage gestellt wird. Besonders stark zeigt sich dieser Effekt, wenn die Fragewiederholung mit einer negativen Rückmeldung verbunden ist (z. B. Warren et al. 1991).

Falschinformationseffekt

Besonders häufig ist zu beobachten, dass Detailinformationen gegeben werden, die vom Kind selbst nicht erwähnt wurden. Derlei **nachträgliche Informationen** entsprechen dem Prinzip des sogenannten **Falschinformationseffektes**, der schon sehr früh in zahlreichen Untersuchungen nachgewiesen werden konnte. Das Risiko ist hoch, dass solche Informationen in die Aussage aufgenommen und anschließend als erlebt berichtet werden. Ursächlich hierfür sind Fehler bei der **Quellenzuordnung** (Johnson et al. 1993). Zwar scheinen auch 4 bis 6 Jahre alte Kinder unter günstigen Umständen schon grundsätzlich zur Quellenüberwachung in der Lage zu sein[2], dennoch sind jüngere Kinder sehr viel anfälliger für **Quellenverwechslungsfehler** als ältere Kinder, Jugendliche und Erwachsene.

Konformitätsdruck

Wird vermutet, dass mehrere Kinder von sexuellen Übergriffen betroffen sind und wird einem Kind die Aussage eines anderen Kindes als positives Beispiel vorgehalten (z. B. „B war ganz mutig und hat darüber gesprochen. Ich habe den Eindruck, dass du dich noch nicht traust."), dann entsteht Konformitätsdruck, dem Kinder und Jugendliche leicht nachgeben. Dieser Effekt ist umso stärker, je mehr er wie im vorgenannten Beispiel mit positiven und negativen Bewertungen gekoppelt wird.

Systematische Konditionierung

Systematische Konditionierung in Form positiver Verstärkung (d. h. Belohnung) von Antworten, die der eigenen Annahme entsprechen, und Ignorieren oder offen aversiver Konsequenzen (d. h. Bestrafung) für Angaben, die nicht der eigenen Annahme entsprechen, können fatale Auswirkungen auf die Aussage einer Auskunftsperson haben.[3] Hierzu zählt im Sinne negativer Verstärkung auch das Entkommen aus einer unangenehmen Situation des Befragungsdrucks durch Lieferung tatsächlich oder vermeintlich erwarteter Informationen. Es kommt erschwerend hinzu, dass Verstärkungen und Bestrafungen nur in äußerst gravierenden Fällen in einem Protokoll zu identifizieren sein werden, weil diese eher über unauffällige, nur bei sehr genauer Betrachtung erkennbare nonverbale Verhaltensweisen (z. B. Stirnrunzeln, selektiv freundliches Lächeln und Nicken, Verschränken der Arme, Mikrobewegungen der Gesichtsmuskulatur, Tonfall etc.) vermittelt werden.

Konfabulationen

Die Aufforderung zu Konfabulationen (z. B. „Was könnte A denn mit dir gemacht haben?") gilt als besonders folgenschwere Suggestionstechnik, da hier explizit dazu angeregt wird, sich ein fiktives Ereignis vorzustellen. Ähnliche Wirkung haben Deutungen von Zeichnungen, Träumen oder Spielverhalten, die dem Kind nahegelegt werden. Hierdurch können Pseudoerinnerungen entstehen, die das Kind selbst für real erlebt hält, entsprechende Berichte sind oftmals detailreich und eindrücklich und auch von Experten nicht mehr von Erlebnisschilderungen zu unterscheiden (zum Ganzen z. B. Köhnken 2003d; Laney und Loftus 2016).

---

2   Dreijährige hingegen grundsätzlich nicht (Kraus 2009).
3   Im lerntheoretischen Sinne ist dies Verstärkung (z. B. durch freundliches Lächeln) und Bestrafung (z. B. durch Stirnrunzeln oder Verschränken der Arme).

Empfehlungen und Hinweise zur Befragung

- Äußern Sie sich über den Beschuldigten nicht negativ (z. B. „A hat vermutlich Sachen gemacht, die eine erwachsene Person mit einem Kind nicht machen darf.").
- Vermeiden Sie Wiederholungen von Fragen.
- Wenn zu einem Aspekt noch einmal nachgefragt werden muss, formulieren Sie die Frage offen und begründen Sie sie damit, dass Sie es noch nicht ganz verstanden haben (Nicht: „Eben hast du es anders gesagt.", sondern „Jetzt habe ich das noch nicht genau verstanden. Kannst du es mir noch einmal erklären?")
- Bedenken Sie, dass vor allem jüngere Kinder und Kinder und Jugendliche mit intellektueller Beeinträchtigung besonders anfällig für Suggestivfragen sind.
- Achten Sie sorgfältig darauf, ausschließlich Details zu erwähnen, die bereits vom Kind selbst genannt wurden.
- Halten Sie einem Kind niemals ein anderes Kind als positives Beispiel vor, das gegen jemanden ausgesagt hat.
- Achten Sie sehr sorgfältig darauf, dass Sie auf alle Informationen (den Verdacht bestätigende wie dem Verdacht widersprechende) gleichbleibend freundlich und interessiert reagieren.
- Seien Sie sich dessen bewusst, dass ein unbewusstes selektives Lächeln oder Stirnrunzeln höheres Suggestionspotenzial hat als einzelne, wesentlich auffälligere Suggestivfragen.
- Vermeiden Sie Ja-Nein-Fragen; ermuntern Sie immer wieder zu freiem Bericht.
- Regen Sie Aussagende niemals dazu an, darüber nachzudenken, was ihnen passiert sein könnte.

Zusammenfassend gilt inzwischen als belegt, dass es möglich ist, mittels suggestiver „Techniken"[4] die menschliche Erinnerung nicht nur hinsichtlich einzelner Details zu verfälschen, welche in den Aussagen ohne entsprechende Motivation oder Bewusstsein des Aussagenden verändert oder hinzugefügt werden. Vielmehr haben neuere Arbeiten gezeigt, dass sowohl bei Kindern als auch bei Erwachsenen ebenso falsche Erinnerungen an individuelle, vermeintlich autobiografische Erinnerungen induziert werden können, die missbrauchsrelevante Aspekte aufweisen (negativ, körpernah, eigene Beteiligung, Kontrollverlust). Je nach verwendeter Untersuchungsanlage (Art des fiktiven Ereignisses, Umfang der suggestiven Einflussnahme) lagen die Zustimmungsraten[5] bei Erwachsenen bei ca. 15–25 %, bei Kindern hingegen zwischen 25% und 80% (zum Ganzen Erdmann 2001; Erdmann et al. 2005; Ridley et al. 2013).

Dabei ist festzuhalten, dass nicht bei allen Kindern und nicht unter allen Umständen sogenannte **Pseudoerinnerungen** an relevante autobiografische Ereignisse hervorzurufen sind.

---

4   Der Begriff „Techniken" ist nicht so zu verstehen, dass diese Formen der Beeinflussung beabsichtigt sind bzw. bewusst eingesetzt werden. In aller Regel ist dies nicht der Fall.
5   Mit Zustimmungsrate ist hier der Anteil der Probanden gemeint, welche äußerten, de facto nicht erlebte Ereignisse erlebt zu haben, und hierzu auch Angaben machen konnten.

Vielmehr müssen sowohl auf Seiten des beeinflussten Kindes wie auch auf Seiten des Befragenden bestimmte Voraussetzungen gegeben sein, damit Pseudoerinnerungen entstehen können. Suggestive Effekte können nur dann wirksam werden, wenn auf beiden Seiten – der des Befragenden und der des Befragten – bestimmte Faktoren ineinandergreifen (zum Ganzen Volbert 2010a). Diese Faktoren werden in den folgenden beiden Abschnitten näher beschrieben.

5.2   Der Anteil der Befragten

Auf Seiten des Kindes spricht man von **passiver Suggestion**, womit eine Empfänglichkeit für suggestive Effekte beschrieben wird, die nicht als überdauerndes Persönlichkeitsmerkmal zu verstehen ist, sondern situationsbezogen aus einem kognitiven oder emotionalen Mangelzustand heraus entsteht. Bereits eine insistierende Befragung durch einen Erwachsenen kann beispielsweise auf Seiten eines Kindes den Wunsch entstehen lassen, die (vermeintlichen) Anforderungen und Erwartungen zu erfüllen. So konnte Erdmann (2001) nicht nur zeigen, dass ein Großteil der an ihrer Studie teilnehmenden Kinder im Verlauf der wiederholten, allerdings nur moderat suggestiven Befragungen dem fiktiven Ereignis zustimmte und immer elaboriertere Schilderungen dazu vorbrachte. Auch bei den Kindern, welche sich in der Studie als suggestionsresistent erwiesen, wurde der erlebte Erwartungsdruck deutlich: Diese Kinder bemühten sich großenteils um Erklärungen dafür, weshalb sie ein entsprechendes Erlebnis nicht berichten konnten (z. B. fehlende Erinnerung, Vermutung einer Verwechslung o. Ä.). Auch emotionale Bedürfnisse nach Ruhe, Stabilität und Sicherheit in einer Situation, in der z. B. aufgrund des Verdachts große Aufregung herrscht, können die Tendenz zu erwartungskonformen Antworten in einer besorgten, insistierenden Befragung durch das soziale Umfeld verstärken (Niehaus und Böhm 2010).

Die Gefahr suggestiver Einflussnahme beschränkt sich keineswegs auf junge Kinder, sie ist aber bei Kindern bis zum Alter von 6 oder 7 Jahren besonders hoch. Eine weitere Steigerung der Beeinflussbarkeit durch suggestive Techniken ist zudem bei kognitiven Beeinträchtigungen zu beobachten (Bowles und Sharman 2014). Auch schüchterne, selbstunsichere und gestresste Aussagende sind anfälliger für suggestive Befragungstechniken (Bruck und Melnyk 2004).

Der Prozess der Übernahme von Scheinerinnerungen lässt sich wie folgt beschreiben: Die Plausibilität entsprechender Angaben (ohne eigene Erinnerung) ergibt sich für jüngere Kinder häufig bereits daraus, dass befragende Erwachsene von dem Sachverhalt überzeugt zu sein scheinen: Kinder lernen früh, dass Erwachsene in der Regel mehr wissen als sie selbst und vor allem etwas aus ihrem Leben wissen, an das sie sich selbst nicht erinnern können (Greuel et al. 1998; Volbert 2010a). Bei Jugendlichen und Erwachsenen, an die das Missbrauchsthema oftmals direkter herangetragen wird (z. B. im Rahmen von Traumatherapien, vom sozialen Umfeld oder durch Selbsthilfeliteratur oder -foren), wird dagegen angenommen, dass sie sich aufgrund einer Traumatisierung zunächst nicht daran erinnern könnten, da sie die Geschehnisse „verdrängt" hätten (zum Ganzen Volbert 2014b).

Auf der Grundlage wiederholter Befragungen (bzw. bei Jugendlichen und Erwachsenen durch Nachdenken über ein mögliches Erlebnis) entsteht bei den Betroffenen eine bildhafte Vorstellung, welche durch weitere Befragungen oder eigene gedankliche Beschäftigung mit dem Thema weiter ausgebaut wird, sodass eine visuelle und narrative Repräsentation des vermeintlichen Ereignisses im Gedächtnis entsteht. Dabei müssen keineswegs alle Details von Dritten vorgegeben werden, als besonders brisant hat sich vielmehr herausgestellt, dass entstehende **Pseudoerinnerungen** eine Eigendynamik entwickeln.

> **Die durch die häufige gedankliche Beschäftigung erzeugte bildhafte Vorstellung und die leichte Abrufbarkeit der so entstandenen Gedächtnisrepräsentationen können schließlich dazu führen, dass Betroffene diese Gedächtnisrepräsentationen für eine tatsächliche Erinnerung an etwas Erlebtes zu halten (Schacter et al. 1998), dieser Prozess wird als Quellenverwechslungsfehler bezeichnet (zum Ganzen Newman und Garry 2014).**

Wird auf Grund des bestehenden Verdachts nachvollziehbarerweise der Kontakt zum Beschuldigten unterbunden, besteht für das Kind auch keine Möglichkeit mehr, entstehende Pseudoerinnerungen, Befürchtungen und Meinungen über den Beschuldigten an der Realität zu überprüfen und allenfalls zu revidieren, wodurch die beschriebenen suggestiven Prozesse erheblich beschleunigt werden können.

5.3 Der Anteil der Befragenden

Als **aktive Suggestion** wird die Einflussnahme durch die befragende Person sowie durch das Umfeld bezeichnet. Es gibt unterschiedliche Verhaltensweisen, die dazu geeignet sind, Personen zu beeinflussen. Als bedeutsamster Faktor für das Auftreten der in ▶ Abschn. 5.1 aufgeführten Verhaltensweisen hat sich die Annahme bzw. **Erwartungshaltung der Befragenden** herausgestellt, ein Sachverhalt habe stattgefunden.

Eine entsprechende Verdachtsbildung, die zu dieser Erwartungshaltung führt, erfolgt nicht selten durch die klinisch und wissenschaftlich nicht haltbare Interpretation von allgemeinen, unspezifischen „Verhaltensauffälligkeiten" und/oder Kinderzeichnungen.

> **Zwar zeigen missbrauchte Kinder in verschiedenen Bereichen häufiger Auffälligkeiten als nicht missbrauchte Kinder, es gibt jedoch keine Auffälligkeiten, die spezifisch für das Erleben sexuellen Missbrauchs wären (Köhnken 2010; Fegert et al. 2015[6]; Goldbeck et al. 2017).**

Dass es keine tatspezifischen psychischen und Verhaltensfolgen gibt, bestätigt auch eine aktuell laufende Studie zu möglichen Traumafolgestörungen bei Kindern. Ungefähr ein Drittel der Kinder zeigte dabei keine behandlungsbedürftige Störung. Bei zwei Dritteln fanden sich ganz unterschiedliche emotionale und Verhaltensstörungen (vgl. Münzer et al. 2015). Daher kann man sexuellen Missbrauch auch nicht mit Verhaltenschecklisten

---

6   Texte und das entsprechende E-Learning Programm https://elearning-kinderschutz.de bieten einen Überblick zur klinischen Literatur zur Einordnung von Belastungen und Verhaltensauffällig-keiten, die eher altersspezifisch als tatspezifisch sind.

diagnostizieren. Vergleicht man missbrauchte Kinder mit nicht missbrauchten, aber klinisch auffälligen Kindern (d. h. Kindern, die aufgrund diagnostizierter psychischer Auffälligkeiten in Behandlung sind), so zeigt letztere Gruppe deutlich häufiger auch solche Symptome, welche als Hinweis auf sexuelles Missbrauchserleben diskutiert werden (Kendall-Tackett et al. 1993). Auch vermeintlich auffälligen Kinderzeichnungen kommt kein diagnostischer Hinweiswert zu (Ihli 2000). Die spezielle Problematik liegt hier in der einseitigen Ursachenzuschreibung von Auffälligkeiten durch das besorgte soziale Umfeld. Tatsächlich auftretende Verhaltensänderungen oder auch Symptome des Kindes werden als „Zeichen" sexuellen Missbrauchs aufgefasst und andere mögliche Erklärungen[7] nicht in Betracht gezogen.

Bei Jugendlichen bilden den Ausgangspunkt für entsprechende Vermutungen zunächst oftmals erklärungsbedürftige Besonderheiten im Erleben und Verhalten (besonders häufig eine Angstsymptomatik oder Symptome einer depressiven Episode), welche dann vorschnell als Folge sexueller Missbrauchserfahrungen interpretiert werden, da diese eine plausible Erklärung für das Vorliegen aktueller psychischer oder psychosomatischer Leiden bieten. Auch hier werden andere mögliche Erklärungen für die Symptome typischerweise nicht in Betracht gezogen. Diese Erklärungsmuster können im Rahmen von Therapien und Beratungen oder auch durch das besorgte soziale Umfeld an die betroffene Person herangetragen werden. Aufgrund angenommener Blockaden der belastenden Erinnerungen wird von einigen Therapeuten bisweilen zu therapeutischen Techniken gegriffen, welche die Suche nach Erinnerungen an vermeintliche Erlebnisse anregen sollen (Volbert 2010a). Diese Techniken (z. B. Vorstellungsübungen, Visualisierungstechniken, Focusing) haben stark suggestive Wirkung (Laney und Loftus 2016).

Natürlich ist es kein immanenter Bestandteil einer **Psychotherapie**, Erfahrungen an bislang nicht erinnerte Ereignisse zu (re-)konstruieren, und im Rahmen seriöser Therapien werden aufkommende Erinnerungsbilder auch nicht von vornherein als historisch wahr aufgefasst werden. Deshalb tragen Psychotherapien per se nicht zur Ausbildung von Scheinerinnerungen bei. Kritisch sind aber Settings zu betrachten, in denen der Therapeut aufgrund vorliegender Symptome eine traumatische Erfahrung vermutet, eine Suche nach bislang nicht zugänglichen Erinnerungen unterstützt oder sogar initiiert, Techniken zur Aufdeckung vermuteter Erinnerungen benutzt und etwaige aufkommende Erinnerungen unkritisch als historische Wahrheit interpretiert (Volbert 2014b). Therapeutenbefragungen geben Anlass zu der Befürchtung, dass die Erkenntnisse zur Entwicklung von Scheinerinnerungen keineswegs in allen therapeutischen Settings Niederschlag finden (z. B. Kirsch 2001; vgl. Lynn et al. 2015). Wer Klienten bezüglich des Realitätsgehaltes der mit der Zeit aufkommenden „Bilder und Erinnerungen" vorbehaltlos bestärkt oder in ähnlicher Weise mit Traumdeutungen arbeitet, geht ein hohes Risiko ein, die Entwicklung einer Pseudoerinnerung anzustoßen (Niehaus 2012; Volbert 2004, 2014b).

---

7   Beispielsweise können ein gesteigertes Bedürfnis nach elterlicher Aufmerksamkeit wegen der Geburt eines Geschwisterkindes oder elterliche Konflikte ursächlich sein. Insbesondere elterliche Konflikte führen zu einer existenziellen emotionalen Verunsicherung von Kindern, die sich in deutlichen Verhaltensänderungen äußern kann (Grossmann und Grossmann 2014).

Wie aber lassen sich solche Verhaltensweisen des sozialen oder professionellen Umfeldes erklären? Köhnken und Mitarbeitende (Schulz-Hardt und Köhnken 2000; v. Schemm und Köhnken 2008) beschreiben eindrucksvoll, welche Prozesse auf Seiten der Befragenden in Gang kommen, die keine offene bzw. kritische Hypothesenprüfung mehr beinhalten, sondern lediglich dazu geeignet sind, die eigene Vermutung zu bestätigen. Auch wenn Kinder auf entsprechende Fragen keine Missbrauchsschilderungen liefern oder entsprechendes Erleben sogar abstreiten, werden nicht nur keine Zweifel bei Befragenden geweckt, sondern wird dies häufig als weiterer Beleg für einen tatsächlichen Missbrauch interpretiert, über den das Kind nicht zu sprechen wage, wobei übersehen wird, wie begrenzt effektive Geheimhaltungsfähigkeiten gerade bei jungen Kindern sind, sodass wiederholte Befragungen und „Aufdeckungsmaßnahmen" als notwendig erachtet werden. Das Problem ist, dass diese sogenannte konfirmatorische (d. h. sich selbst bestätigende) Prüfstrategie keine Möglichkeit beinhaltet, sich vom Nichtzutreffen der eigenen Vermutung zu überzeugen, und somit zwangsläufig zur Bestätigung des eigenen Verdachts führt. Ein solches Vorgehen setzt keineswegs eine Schädigungsabsicht voraus, im Gegenteil dürfte eine solche bei Missbrauchsbeschuldigungen die Ausnahme darstellen (Niehaus und Böhm 2010).

Die Ausführungen machen deutlich, dass problematische Suggestionsprozesse in der Regel bereits im Vorfeld des Strafverfahrens und damit deutlich vor dem ersten Kontakt mit Ermittlungsbehörden wirksam und zumeist durch die Besorgnis des sozialen Umfeldes angestoßen werden (Laney und Loftus 2016). Liegt zum Zeitpunkt der Anzeigeerstattung bereits eine echte Pseudoerinnerung vor, wird eine Auskunftsperson von dieser auch bei vollkommen suggestionsfreier Befragung berichten (Erdmann et al. 2004). Eine diesbezügliche Sensibilisierung von Ermittlern ist nichtsdestotrotz zentral, da die Angaben dann zum ersten Mal aktenkundig werden und eine Verfestigung noch entstehender Pseudoerinnerungen durch eigene suggestive Befragung unbedingt zu vermeiden ist. Zudem besteht unabhängig davon, ob sich eine echte Pseudoerinnerung entwickelt oder nicht, bei suggestiver Befragung im forensischen Kontext immer die Gefahr, dass Aussagende ihre Antworten an die vermuteten Erwartungen im Sinne einer Compliance (d. h. einer willentlichen Antwortverzerrung) anpassen. Kinder und Jugendliche mit kognitiven Beeinträchtigungen neigen hierzu in besonderer Weise.

> **Hierdurch werden auch erlebnisbasierte Aussagen verfälscht und damit als Beweismittel entwertet, denn im Strafverfahren muss u. a. mit hoher Wahrscheinlichkeit abgewiesen werden, dass eine Aussage durch suggestive Befragungen zustande gekommen sein könnte.**

Haben suggestive Befragungen stattgefunden, besteht diese Möglichkeit oftmals nicht mehr, es sei denn, frühere, unbeeinflusste Aussagen des Kindes gegenüber Dritten sind sehr gut dokumentiert (vgl. Volbert 2015).

Ermittelnde sollten nicht zuletzt auch für das Phänomen der Suggestion sensibilisiert werden, um sicherzustellen, dass wesentliche Informationen zur Aussagegeschichte erfragt und dokumentiert werden, damit Hinweise auf potenziell problematische Entstehungsbedingungen einer Aussage frühzeitig erkannt werden können (Rohrabaugh et al. 2016). Denn ein frühzeitiges Einhalten einer solchen Entwicklung kann beiden Prozessparteien unnötiges Leid ersparen (Niehaus 2012).

> **⊙** Andernfalls entsteht nämlich nicht allein ein Schaden für zu Unrecht Beschuldigte, sondern das Kindeswohl wird in gravierender Weise beeinträchtigt, wenn ein Kind in dem falschen Glauben aufwächst, es sei sexuell missbraucht worden.

Der Schaden wird noch potenziert, wenn aufgrund einer nicht zutreffenden Missbrauchsannahme der Kontakt zu einer wichtigen Bezugsperson unterbunden wird (Volbert 2015). Andererseits kann eine sorgfältige Erhebung und Dokumentation der Aussagegeschichte auch dazu beitragen, den Erlebnisbezug einer Aussage selbst dann noch zu belegen, wenn es im späteren Verlauf zu ungünstigen Befragungssituationen gekommen ist. Kann nämlich nachgewiesen werden, dass zu einem früheren Zeitpunkt bereits entsprechende Aussagen gegenüber Dritten getätigt wurden, dann sind spätere Einflüsse oftmals nicht mehr entscheidend.

Hinweise und Empfehlungen zur Befragung
- Bedenken Sie, dass es keine Verhaltensauffälligkeiten gibt, die symptomatisch für Opfer sexuellen Missbrauchs sind.
- Bedenken Sie, dass Zeichnungen und Spielverhalten von Kindern nicht gedeutet oder wie eine Aussage gewertet werden können.
- Seien Sie sich dessen bewusst, dass bei Missbrauchsverdacht eine Neigung zur Selbstbestätigung der eigenen Vorannahme besteht.
- Hinterfragen Sie Ihre eigene Grundeinstellung bei Ermittlungen wegen Missbrauchsverdachts (unabhängig vom Einzelfall) kritisch.
- Reflektieren Sie (im jeweiligen Einzelfall) fortlaufend Ihre eigenen Annahmen und setzen Sie sich gezielt mit gegenläufigen Annahmen auseinander.
- Gehen Sie bewusst ergebnisoffen an Befragungen heran.
- Machen Sie sich klar, dass durch Suggestion nicht allein zu Unrecht Beschuldigte, sondern in erster Linie die Kinder für ihr Leben erheblich belastet werden.
- Signalisieren Sie einer aussagenden Person nie, dass Sie davon ausgehen, dass etwas vorgefallen ist.
- Machen Sie stattdessen explizit deutlich, dass Sie nicht wissen können, ob und was passiert ist, weil Sie nicht dabei gewesen sind.
- Erfragen und dokumentieren Sie im Anschluss an die Einvernahme zur Sache Informationen, die die Entstehungssituation der Erstbekundung erhellen. Befragen Sie hierzu bei Kindern zusätzlich relevante Bezugspersonen.

Zusammenfassend ist festzuhalten, dass einzelne suggestiv formulierte Fragen für sich genommen selten problematisch sind, sondern vielmehr bestimmte Bedingungen vorliegen müssen, damit es zu einer unbeabsichtigten Falschaussage kommt. Eine sorgfältige Dokumentation der Aussageentstehung und -entwicklung dient somit der Vermeidung beider Fehler: Auf diese Weise ist es sowohl möglich, problematische Aussageentstehungsbedingungen zu erkennen, als auch Wirkungen potenziell problematischer Bedingungen mit hinreichender Wahrscheinlichkeit auszuschließen und damit den Erlebnisbezug einer Aussage trotz zwischenzeitlich problematischer Befragungen o. Ä. noch zu belegen.

Zentrale Elemente einer fachlich fundierten Befragungspraxis

© Springer-Verlag GmbH 2017
Susanna Niehaus, Renate Volbert, Jörg M. Fegert,
Entwicklungsgerechte Befragung von Kindern in Strafverfahren,
DOI 10.1007/978-3-662-53863-0_6

Auch wenn für die vergangenen Jahrzehnte ein enormer Erkenntniszuwachs der für den forensischen Anwendungsbereich relevanten Forschung zu verzeichnen ist, sind die grundlegenden Erkenntnisse über geeignete und ungeeignete Befragungsformen seit nunmehr etwa 50 Jahren bekannt und wurden auch schon früh eingefordert. So finden sich etwa Hinweise auf die Trichtertechnik bzw. Voraussetzungen für die Verwertbarkeit einer Aussage bereits bei Arntzen (1978) und Undeutsch (1967). Undeutsch exportierte diese Erkenntnisse in den 1980er Jahren in die USA und nach Großbritannien (Milne und Bull 2003; Poole und Lamb 1998), wo diese zu anwenderfreundlichen Leitfäden weiterentwickelt und die Wirkung von deren Anwendung empirisch geprüft wurden.

Im Sinne einer optimalen Verwertbarkeit der Aussagen Minderjähriger im Strafverfahren lässt sich – in Anlehnung an die Chronologie einer formellen Erstbefragung – Wesentliches aus aussage- und entwicklungspsychologischen sowie entwicklungspathologischen Erkenntnissen wie folgt zusammenfassen.

6.1   Vorbereitung

Die Durchführung einer Befragung stellt hohe kognitive Anforderungen an die befragende Person (Johnson et al. 2016). Jede Maßnahme, die diese Anforderungen reduziert, entlastet die befragende Person und trägt so zu einer Verbesserung der Befragung bei, die letztlich auch der Aussagequalität zugutekommt (Lempp et al. 2003). Aus diesem Grunde sollte jede Befragung gründlich geplant und vorbereitet werden (Rohrabaugh et al. 2016). Insbesondere die vorherige Sichtung bisheriger Informationen über den zu erfragenden Sachverhalt und die zu befragende Person (Alter, individueller Entwicklungsstand [insbesondere mentales Entwicklungsalter], aktenkundige Diagnosen und etwa während der vorgängigen Besichtigung der Räumlichkeiten beobachtete emotionale Belastungen, Verhaltensauffälligkeiten oder andere Besonderheiten) entlastet die befragende Person während der Befragung und macht es ihr möglich, sich auf die Äußerungen des Kindes bzw. Jugendlichen und auf die eigene Befragungsstrategie zu konzentrieren. Der in der Praxis zuweilen weitergegebenen Empfehlung, über den zu erfragenden Sachverhalt so wenig wie möglich zu wissen, ist insofern zu widersprechen. Die mit dieser Empfehlung intendierte Vermeidung suggestiver Einflussnahme lässt sich auf diese Weise ohnehin nicht erreichen. Ausgangspunkt suggestiver Prozesse ist nämlich die Annahme, der eigentlich erst zu erfragende Sachverhalt liege vor.

> **Präventiv wirksam können hier nur eine grundsätzliche Ergebnisoffenheit und eine systematische Prüfung sein, ob die vorliegenden Informationen auch mit einer der relevanten Gegenhypothesen in Einklang zu bringen sind (Bennett und O'Donohue 2016; Rohrabaugh et al. 2016).**

Diese Voraussetzungen müssen jedoch keinesfalls gegeben sein, nur weil man nicht weiß, worum es im Einzelnen geht. Uninformiertheit kann im Gegenteil dazu führen, dass wesentliche Aspekte eines Sachverhalts in der Einvernahme gar nicht zur Sprache kommen, was im weiteren Verlaufe eines Strafverfahrens erhebliche Probleme nach sich ziehen kann. Dies gilt insbesondere für jüngere Kinder, die im freien Bericht oftmals wesentliche Teile nicht zu jedem Zeitpunkt spontan zur Sprache bringen.

Plant man die Rahmenbedingungen der Befragung, kann als Faustregel gelten, dass die Aufmerksamkeitsspanne umso kürzer ist, je jünger das Kind ist – bei jüngeren Kindern muss man sich zunächst darauf einstellen, dass die Aufmerksamkeit kaum länger als 20 Minuten aufrechterhalten werden kann, bei intellektuell beeinträchtigten Kindern oder auch Kindern mit Aufmerksamkeitsstörung kann die Zeitspanne weiter reduziert sein. Die Aufmerksamkeitsspanne ist jedoch individuell sehr unterschiedlich, entsprechend muss bei auftretenden Konzentrationsschwierigkeiten individuell und flexibel reagiert werden.

Hinweise und Empfehlungen zur Befragung
- Bereiten Sie sich so sorgfältig wie möglich auf eine Befragung vor.
- Erfragen Sie wenn möglich Informationen, die Ihnen helfen, sich auf die zu befragende Person optimal einstellen zu können (z. B. mentales Entwicklungsalter, etwaige Kommunikationsprobleme oder Verhaltensauffälligkeiten).
- Berücksichtigen Sie Verhaltensbesonderheiten (insbesondere Hyperaktivität, Aufmerksamkeitsstörungen und intellektuelle Beeinträchtigung) in Ihrer Zeitplanung.
- Lassen Sie sich bei vorgängiger Bekanntheit erheblicher Störungen (z. B. Autismus), bei der Vorbereitung der Befragung des Kindes von jemandem beraten, der sich mit der jeweiligen Störung gut auskennt und Ihnen Hinweise darauf geben kann, mit welchen Verhaltensweisen Sie rechnen und was Sie bei Ihrer Befragung beachten sollten.

Zusammenfassend ist festzustellen, dass das A und O einer gelungenen Befragung eine sorgfältige Vorbereitung ist, welche es der befragenden Person ermöglicht, sich bestmöglich auf die zu befragende Person und deren Bedürfnisse einzustellen.

6.2   Einleitendes Gespräch und Rapportbildung

Insbesondere dann, wenn abzusehen ist, dass die Befragung längere Zeit in Anspruch nehmen wird, ist anzuraten, vor Beginn der eigentlichen Befragung den voraussichtlichen Ablauf sowie bei Jugendlichen auch die geschätzte Zeitdauer zu besprechen (vgl. Fegert 2007; Köhnken 2003c).

> ❯ Durch größtmögliche Transparenz dessen, was die Betroffenen erwartet, wird das subjektive Gefühl der Kontrolle erhöht und Ängste werden reduziert.

Dies ist insbesondere bei Befragungen zu Sachverhalten anzuraten, deren Erleben für die Betroffenen mit hohem Kontrollverlust verbunden war, und dies gilt insbesondere für Straftaten gegen die sexuelle Integrität (vgl. Greuel 1993). In dieser Phase erfolgen auch gegebenenfalls das Einholen des Einverständnisses der (audiovisuellen) Aufzeichnung und eine altersangemessene Belehrung[1]. Abzuraten ist in diesem Zusammenhang von einer übermäßigen Betonung und einem Weisen auf die Kameras und Mikrofone, es sei denn, das Kind selbst äußert verbal oder nonverbal besonderes Interesse an der Technik. Zwar sind die heutigen Kinder und Jugendlichen durch den selbstverständlichen Umgang mit Medien anders als frühere Generationen an permanente Fotos, Selfies und Videoaufzeichnungen, insbesondere mit Handys gewöhnt, gleichwohl kann es berechtigterweise vorkommen, dass vor allem betroffene Jugendliche diesbezüglich gehemmt sind. Wichtig ist es deshalb, in der Aufklärung über die Rahmenbedingungen des Gesprächs zu verdeutlichen, dass die Aufnahmen nur fachlichen, forensischen Zwecken, quasi der Qualitätskontrolle und der besseren Erinnerung dienen und nicht öffentlich verwendet werden oder im Netz auftauchen werden. Derzeit wird in der Präventionsarbeit schließlich betont, dass Kinder vorsichtig im Umgang mit Videoaufzeichnungen sein und sich versichern sollen, wie diese verwendet werden. Mögliche Bedenken und Probleme lassen sich in der Regel leicht dadurch vermeiden, dass man solche Hinweise eher beiläufig und mit großer Selbstverständlichkeit übermittelt und einbettet in die Bemerkung, dass man sich unmöglich alles merken könne und dass es wichtig sei, dass nichts von dem verloren gehe, was gesagt werde.

Was und vor allem **wie** in dieser Phase mit der Auskunftsperson gesprochen wird, trägt bereits wesentlich zur Rapportbildung bei, Ermittelnden scheint indes zuweilen gerade die Rapportbildung schwerzufallen (Hershkowitz 2011). Für die meisten Opferzeugen ist eine solche Befragung ein besonderes, wenn nicht einmaliges Ereignis, mit dessen Ablauf und Regeln sie im Gegensatz zur befragenden Person nicht vertraut sind. Auch aus diesem Grunde handelt es sich bei einer Befragungssituation immer um eine ausgesprochen asymmetrische Kommunikationssituation, in der ein Kommunikationspartner über sehr viel mehr Informationen verfügt und allein aufgrund des Autoritätsanspruchs ein erhebliches Machtgefälle besteht, das z. B. die Suggestionsgefahr erhöht aber auch die Auskunftsbereitschaft beeinflusst. Kommt man mangels Rapport nicht in ausreichendem Umfang an Informationen, wird das aussagende Kind bei zutreffendem Verdacht u. U. wieder der Gefahr des Missbrauchs ausgesetzt (O'Donohue und Fanetti 2016b).

> ❯ Zur Förderung der Auskunftsbereitschaft und zur Erhöhung der Zuverlässigkeit der Angaben ist es von essenzieller Bedeutung, diese Asymmetrie soweit wie möglich aktiv zu reduzieren (vgl. Greuel 2008).[2]

Auch wenn einzuräumen ist, dass eine für jüngere Kinder noch nicht notwendige **Belehrung** hinsichtlich der Strafbarkeit falscher Anschuldigungen nicht unheikel sein kann, erscheint diese aus psychologischer Sicht mit der Herstellung einer kindgerechten Gesprächsatmosphäre entgegen des Einwandes von Oertle (2009) durchaus nicht

---

1   International wird bisweilen auch empfohlen, diese Belehrung erst im Anschluss an die Rapportbildung, kurz vor der Befragung zur Sache vorzunehmen (Earhart et al. 2016), dieser aus psychologischer Sicht nachvollziehbare Hinweis dürfte sich allerdings mit strafprozessualen Vorschriften der hier betrachteten Länder kaum vereinbaren lassen.

2   Es sei an dieser Stelle angemerkt, dass persönlichkeitsspezifische Aspekte Befragender wesentlich dazu beitragen, dass deren Interesse an einer Reduktion der Asymmetrie sehr unterschiedlich stark ausgeprägt ist.

grundsätzlich unvereinbar, vielmehr dürften Wortwahl, Tonfall und Gesamteindruck entscheidend darüber bestimmen, wie eine entsprechende Belehrung aufgenommen wird. Allgemein kann die befragende Person verbal und nonverbal erheblich zur Herstellung einer möglichst entspannten Gesprächsatmosphäre beitragen, indem sie beispielsweise auf eine lockere und entspannte Sitzhaltung achtet, ruhig und langsam spricht, hektische Bewegungen vermeidet, nicht auf die Uhr und möglichst wenig auf Notizen schaut etc. Für Hinweise zur Sprache sei auf ▶ Abschn. 4.2 verwiesen. Entscheidend zum Erfolg einer Befragung scheint schließlich nicht allein die anfängliche Rapportbildung beizutragen, wesentlich scheint vielmehr dessen kontinuierliche Aufrechterhaltung zu sein (Bull 2013).

Eine besondere Herausforderung stellt in diesem Zusammenhang der Einbezug von Sprach- und Kulturvermittelnden dar, da es gelingen muss, auch zwischen der übersetzenden Person und der Auskunftsperson entsprechenden Rapport herzustellen und aufrechtzuerhalten (Benuto und Garrick 2016). Zudem bedarf es vorab einer Aufklärung und spezifischen Instruktion im Hinblick auf die im forensischen Kontext notwendige Exaktheit der Übersetzung. Hier ist besondere Sorgfalt geboten, andernfalls kann es gerade bei sexuellen Inhalten zu erheblichen Verzerrungen der Aussage kommen, wenn unerfahrene Übersetzende aus dem ethnischen Umfeld ohne fachliche Kenntnis forensischer Zusammenhänge bestimmte Fragen nicht so übersetzen, wie sie gestellt werden, Antworten ausschmücken etc.

Empfehlungen und Hinweise für Befragende
- Sorgen Sie für Transparenz: Erklären Sie der befragten Person, was sie erwartet.
- Vermeiden Sie eine zu starke Fokussierung auf Kameras und Mikrofone, weisen Sie auf das Notwendige hin, geben Sie potenziell heiklen Aspekten aber nicht unnötig viel Raum.
- Bemühen Sie sich aktiv darum, die Asymmetrie der Befragungssituation so weit wie möglich zu reduzieren, stellen Sie gleichzeitig aber sicher, dass das Kind die Aussagesituation gleichwohl ernstnimmt.
- Bemühen Sie sich aktiv um Rapport, d. h. kommen Sie unbedingt mit der Person in Kontakt, bevor Sie mit der Befragung zur Sache beginnen; interessieren Sie sich für die Person, sprechen Sie die Person mit ihrem Namen an, seien Sie freundlich zugewandt, dies sowohl mit Worten als auch mit Ihrer Körperhaltung.
- Achten Sie insbesondere bei sehr angespannten Aussagenden darauf, selbst entspannt zu wirken, sprechen Sie ruhig und langsam, vermeiden Sie hektische Bewegungen.

Zusammenfassend hängt der Erfolg einer Befragung wesentlich davon ab, wie gut es der befragenden Person gelingt, eine angenehme Gesprächsatmosphäre herzustellen und diese bis zum Ende aufrechtzuerhalten.

6.3   „Warming up"

Entscheidend ist, dass dem aussagenden Kind bzw. Jugendlichen optimale Bedingungen für einen möglichst umfassenden Abruf seiner Erinnerungen geboten werden, wobei die Vermeidung von psychischen Belastungen und Stress zu den wesentlichen atmosphärischen Bedingungen zählt (Greuel et al. 1998; Johnson et al. 2016); wer sich wohlfühlt, ist auskunftsbereiter (Fondren Happel 2016). Zur Herstellung einer möglichst entspannten **Gesprächsatmosphäre** sollte daher der Einstieg in die eigentliche Befragung über neutrale oder positive Themen gefunden werden (Arntzen 1978). Dem Kind oder Jugendlichen wird dadurch die Möglichkeit gegeben, sich an die unbekannte befragende Person und die in der Regel ungewohnte Befragungssituation zu gewöhnen, und bietet der befragenden Person die Möglichkeit, sich einen ersten persönlichen Eindruck von den Voraussetzungen (Frageverständnis, sprachlicher Ausdruck, Ausdrucksstil) sowie vom psychischen Zustand des Kindes bzw. Jugendlichen (etwaige psychopathologische Störungen, z. B. ADHS oder Autismus) zu verschaffen (vgl. Greuel et al. 1998). Diese Erkenntnisse der individuellen Voraussetzungen eines Kindes bzw. Jugendlichen sollten anschließend genutzt werden, um die Befragung bedürfnisgerecht zu gestalten und somit bestmögliche Rahmenbedingungen für eine hohe Aussagequalität erlebnisbasierter Aussagen herzustellen (Rohrabaugh et al. 2016). So können etwa bei einem hyperaktiven Kind häufigere Pausen hilfreich sein, in denen es die Gelegenheit bekommt, sich zu bewegen, während es bei einem sehr nervös und ängstlich wirkenden Kind zunächst vor allem wichtig sein wird, die Anspannung abzubauen, bei einem Jugendlichen mit intellektueller Beeinträchtigung wird wiederum die Reduzierung des Sprechtempos und der Komplexität zentral sein.

Zu bedenken ist in diesem Zusammenhang z. B. auch, dass manche Aussagende von sich aus eine motorische Betätigung suchen, um sich zu beruhigen (wenn sie z. B. etwas kneten, an den Haaren drehen, ein Taschentuch während der Befragung in 1000 Stückchen zerteilen etc.). Derlei motorische Beschäftigung kann Spannungen abbauen und hilfreich sein. Solange diese Beschäftigung nicht erheblich zu inhaltlichen oder technischen Störungen führt (Störung des Erinnerungsabrufs oder erhebliche Beeinträchtigung z. B. der Audioaufnahme), sollte man solches Verhalten zulassen.

Motorische Beschäftigungen mit deutlichen kognitiven Anteilen wie das Zeichnen und Malen eines Bildes oder andere Ablenkungen, die die Konzentrationsfähigkeit stören, sind dagegen gerade für solche Kinder, bei denen ohnehin weniger kognitive Ressourcen zur Verfügung stehen (sehr junge Kinder und Kinder und Jugendliche mit intellektueller Beeinträchtigung) kontraindiziert, weil hierdurch u. U. wichtige kognitive Kapazitäten gebunden werden, die für die Erinnerungs- und Aussageleistung dann nicht mehr zur Verfügung stehen (vgl. Poole und Lamb 1998; Rohrabaugh et al. 2016). Bei älteren Kindern und Jugendlichen ohne Beeinträchtigung kann Malen zum Spannungsabbau zwar hilfreich sein (zu sogenannten „Komfort-Zeichnungen" siehe Katz et al. 2014), Studien zeigen aber, dass dies nur dann zu keinen Zuverlässigkeitseinbußen der Aussage führt, wenn von Ereignissen berichtet wurde, die sich kurz zuvor ereignet hatten, und wenn die Befragung vollkommen suggestionsfrei erfolgte. Wurden hingegen Aussagen über länger zurückliegende Ereignisse getätigt (was im forensischen Kontext häufig der Fall ist), wurden die Aussagen bei Malbegleitung fehlerhafter und die Suggestionsanfälligkeit stieg (Salmon und Pipe 2000). Zudem haben zahlreiche Studien

gezeigt, dass Zeichnen während einer Aussage die generelle Ansprechbarkeit erhöht –
d. h., es wurde sowohl Erlebtes als auch nicht Erlebtes ausführlicher erzählt (z. B. Bruck
et al. 2000; Gross et al. 2006; Strange et al. 2003).

> ❯ Insgesamt lässt sich für den strafrechtlichen Kontext somit resümieren, dass die
> Nachteile des Einsatzes solcher und anderer Hilfsmittel deren mögliche Vorteile
> zu überwiegen scheinen.

Ähnliches gilt für den Einsatz von anatomisch korrekten Puppen, der nachgewiesenermaßen keinen Vorteil gegenüber einem Gespräch ohne Hilfsmittel bringt, dafür aber
nicht unerhebliche Risiken birgt (zusammenfassend Brown 2011). Ein Spannungsabbau kann bei vielen Kindern auch durch das Trinken einiger Schlucke Wasser erreicht
werden. Insofern sollte man bei der Vorbereitung der Gesprächssituation Wasser bereit-
halten und auch Taschentücher oder Kleenex in Griffnähe haben.

> ❯ Der Beginn der Befragung stellt für aussagende Personen jedes Alters eine
> wichtige Lernphase dar. Da den meisten Auskunftspersonen eine derartige
> Befragungssituation nicht vertraut ist, erschließen sie sich aus dem Befragungs-
> verhalten, was von ihnen erwartet wird, und sie lernen, nach welchen Regeln die
> Befragung abläuft.

Werden in dieser Phase überwiegend geschlossene Fragen gestellt, die nur mit „Ja" oder
„Nein" oder anderen Einwortsätzen zu beantworten sind (z. B. wenn Personalien abge-
fragt oder Beispiele zur Unterscheidung von „Wahrheit und Lüge" vorgegeben werden),
dann stellen sich Befragte darauf ein, im weiteren Verlauf der Befragung nur wenig
spontan und ausführlich zu berichten. Es sollte daher von Anfang an bereits bei der
Schilderung fallneutraler Ereignisse mittels offener Anstoßfragen darauf hingewirkt
werden, dass möglichst viel zusammenhängend berichtet wird (vgl. Köhnken 2003c),
dies idealerweise von Ereignissen, die zeitlich in etwa gleich lang zurückliegen wie das
in Frage stehende Erlebnis. Dies nicht nur, um einen Vergleichswert für spätere Bewertungen zu erhalten, sondern in erster Linie um den Abruf aus dem episodischen
Gedächtnis zu trainieren und damit die Aussagequalität zu erhöhen (Roberts et al.
2011). Bereits wenige Minuten eines solchen Trainings können die Qualität der späteren Aussage zur Sache deutlich steigern (Roberts et al. 2011). Zwar hängt die kindliche
Fähigkeit, Erfahrungen in zusammenhängenden Narrationen mitzuteilen, u. a. von der
Qualität und Menge von Eltern-Kind-Gesprächen ab (Salmon und Conroy 2009),
gleichwohl dürften auch die Kinder von solchen **Narrationsübungen** profitieren, welche aufgrund ihrer Sozialisation oder individuell schlechteren Voraussetzungen in ihrer
Aussageleistung eher benachteiligt sind.

Zusätzlich ist es sinnvoll, **Regeln und Erwartungen** in dieser Einleitungsphase auch
explizit zu machen; hierfür eignet sich eine Erläuterung, die den exklusiven **Expertenstatus** des Kindes unterstreicht und gleichzeitig klarmacht, dass die befragende Person
nichts über das mögliche Geschehen wissen kann, weil sie ja nicht dabei war (Earhart et
al. 2016). Insbesondere jüngere Kinder, aber durchaus auch Schulkinder können sich
nicht in die Situation eines Befragenden versetzen, der keine Kenntnis des zu erfragenden Sachverhaltes hat. Dieser Transfer der Kontrolle über den Gesprächsverlauf von der
befragenden zur aussagenden Person ist für die Qualität einer Aussage besonders wich-

tig. Aufgrund ihrer Alltagserfahrungen gehen Kinder oft davon aus, dass Erwachsene die Antworten auf ihre Fragen schon kennen und deren Fragen nur dazu dienen, sich zu vergewissern, dass das Kind diese Kenntnis auch hat. Es kann auch sinnvoll sein, diesen Hinweis im Verlaufe der Befragung jeweils dann zu wiederholen, wenn nochmal zu bereits erwähnten Handlungseinheiten nachgefragt werden muss, weil dazu noch nicht ausführlich genug berichtet wurde. Mit dieser Begründung der Erwartungen, die zugleich deutlich werden lässt, dass nicht aus Skepsis genauer nachgefragt wird, kann sowohl dem Widerstand Jugendlicher („Das habe ich doch schon erzählt, wieso muss ich dazu jetzt nochmal was sagen?") begegnet als auch Suggestionseffekten vorgebeugt werden; denn gerade jüngere Kinder neigen sonst dazu, ihre Angaben bei erneuter Nachfrage zu ändern.

Im Zusammenhang mit der Übertragung des Expertenstatus' sollten Kinder und Jugendliche auch explizit dazu aufgefordert werden, die befragende Person zu korrigieren; der Hinweis, dass Korrektur erlaubt ist, genügt hier nicht.

> **Korrektur ist nicht nur erlaubt (diese Formulierung impliziert noch immer einen Expertenstatus des Erwachsenen), sondern Ermittelnde sind mangels Kenntnis des Geschehens vielmehr darauf angewiesen, dass Missverständnisse vom Kind aufgeklärt werden.**

Angewiesen sind Ermittelnde zudem darauf, dass Befragte nicht raten, wenn sie etwas nicht wissen oder nicht mehr erinnern, sondern Unsicherheiten und Erinnerungslücken stattdessen deutlich als solche deklarieren. Kindern ist dies manchmal unangenehm, weil sie als kompetente Gesprächspartner wahrgenommen werden wollen und diese Art der Antwort in der Schule möglicherweise auch schon negative Konsequenzen hatte. Das kann dazu führen, dass sie Erinnerungslücken durch Schlussfolgerungen, Vermutungen oder Konfabulationen füllen. Um das zu verhindern, sollte man zu Beginn ausdrücklich darauf hinweisen, dass es ganz normal ist, dass man mal etwas vergisst, und dass es wichtig ist, dass man das dem Befragenden dann auch mitteilt. Alle vorgenannten Hinweise gelten in besonderer Weise für Kinder und für Jugendliche mit intellektueller Beeinträchtigung, da sich für diese die Befragungssituation in noch stärkerem Maße asymmetrisch darstellt, und sie deutlich anfälliger dafür sind, sich den wahrgenommenen Erwartungen des Kommunikationspartners anzupassen.

Hinweise und Empfehlungen zur Befragung
- Steigen Sie mit einem neutralen oder positiven Thema ein.
- Nutzen Sie den ersten Eindruck im Gespräch, um sich ein möglichst genaues Bild von den individuellen Voraussetzungen des Kindes zu machen.
- Nutzen Sie dieses Wissen für eine bedürfnisgerechte Befragung.
- Machen Sie dem Kind deutlich, dass allein es selbst Experte seiner Aussage ist.
- Formulieren Sie Erwartungen explizit (z. B. Notwendigkeit der Korrektur bei Missverständnis; ausführliche, eigenständige Schilderung) und wiederholen Sie dies notwendigenfalls mehrfach.
- Wirken Sie mit offenen Anstoßfragen von Beginn an darauf hin, dass möglichst viel zusammenhängend berichtet wird.

- Lassen Sie Aussagende fallneutrale Narrationsübungen machen, um Abruf und Schilderung episodischer Erinnerungen vorzubereiten und an einem neutralen Gegenstand die Erzählfähigkeiten des Kindes einschätzen zu können.
- Lassen Sie vom Kind selbst initiierte motorische Tätigkeiten, die dem Spannungsabbau dienen, immer zu, sofern sie nicht den Erinnerungsabruf oder die technische Qualität der Aufzeichnung beeinträchtigen.
- Verzichten Sie jedoch besser darauf, Material zum aussagebegleitenden Malen anzubieten, da dies die Aussagezuverlässigkeit und -qualität insbesondere bei jüngeren Kindern und solchen mit intellektuellen Beeinträchtigungen verringern kann.
- Seien Sie insgesamt sehr zurückhaltend mit dem Einsatz von Hilfsmitteln, insbesondere von so genannten „anatomisch korrekten Puppen" oder Material, welches Kinder aus Spieltherapiesituationen kennen könnten wie z. B. Szenotestmaterial oder anderes Material, welches in fantasieanregenden projektiven Verfahren verwendet wird.

Zusammenfassend ist festzuhalten, dass Kinder und Jugendliche darauf angewiesen sind, dass ihnen die an sie gestellten Erwartungen explizit benannt werden und sie die Gelegenheit bekommen, den Abruf und das Berichten episodischer Erinnerungen an einem fallneutralen Thema zu üben. Gespräche über Hobbys, Freunde und Lieblingsbeschäftigungen mögen zum Rapport beitragen, sind aber als Narrationsübung nicht hilfreich, weil es sich dabei nicht um episodische Erinnerungen handelt. Geeignet sind persönlich bedeutsame, fallneutrale Erlebnisse aus dem interessierenden Zeitraum, dies kann im konkreten Fall beispielsweise ein Geburtstagsfest sein, die Geburt eines Geschwisterkindes, der Tag der eigenen Einschulung, ein besonderer Ausflug etc. Es kann sich durchaus auch um ein negatives Erlebnis handeln (z. B. Unfall, medizinische Behandlung), mit einem solchen sollte man aber nicht in die Übung einsteigen.

6.4   Befragung zur Sache

Die Befragung zur Sache sollte immer zunächst mit dem Anregen eines möglichst umfangreichen freien Berichts Aussagender durch eine offene Anstoßfrage beginnen. Damit wird Kindern bzw. Jugendlichen zunächst einmal die Gelegenheit gegeben, ungestört im Zusammenhang zu berichten, was sie noch wissen.

❯ Zwischenfragen oder Unterbrechungen müssen in dieser Phase unter allen Umständen vermieden werden, dies aus zwei Gründen: Erstens können sich derartige Unterbrechungen in motivationaler Hinsicht ungünstig auf die Mitteilungsbereitschaft auswirken, zweitens wird der Erinnerungsprozess dadurch empfindlich gestört (Köhnken 2003c).

Aus letzterem Grunde müssen Befragende auch Pausen unbedingt aushalten, denn für Aussagende erfüllen Pausen eine sehr wichtige Funktion: Sie benötigen die Zeit, um weitere Details aus dem Gedächtnis abzurufen und in Worte zu fassen. Dies gilt in besonderem Maße für Kinder und Jugendliche mit intellektueller Beeinträchtigung, die grundsätzlich mehr Zeit benötigen, um Informationen aus dem Gedächtnis abzurufen und sprachlich wiederzugeben. Es ist von entscheidender Bedeutung, befragten Kindern und Jugendlichen diese Pausen einzuräumen. **Sprechpausen** sind vielen Befragenden allerdings unangenehm, weswegen sie dazu neigen, vorschnell weitere Fragen zu stellen. Selbst gut gemeinte „Erinnerungshilfen", beispielsweise in Form präzisierender Fragen oder ermunternder Äußerungen können jedoch den Erinnerungsprozess empfindlich stören (Köhnken 2003c).

Auch wenn die aussagende Person signalisiert, dass sie nun alles berichtet habe, woran sie sich noch erinnern könne, muss diesem Hinweis nicht unmittelbar gefolgt werden. Es kann stattdessen durchaus ergiebig sein, diese noch einmal zum Nachdenken anzuregen und diese Anregung durch entsprechendes nonverbales Verhalten (Pause einlegen, sich selbst zurücklehnen) zu bekräftigen. Denn bis zu diesem Zeitpunkt hat die aussagende Person häufig lediglich das berichtet, was leicht und mühelos aus dem Gedächtnis abgerufen werden konnte. An diesem Punkt beginnt erst die eigentliche Erinnerungsarbeit, die manchmal zu umfangreicheren Angaben als in der ersten Phase des freien Berichts führt (Köhnken 2003c).

Ein freier Bericht ist äußerst selten vollständig. Im Anschluss an den freien Bericht müssen daher, um weitere Details zu erfragen, Lücken zu schließen und etwaige Unklarheiten zu beseitigen, Fragen gestellt werden.

> ❯ Auch diese Befragung sollte (im Sinne des oben erwähnten Kontrolltransfers) unbedingt den individuellen Erinnerungs- und Assoziationsprozessen des Kindes bzw. Jugendlichen folgen, statt diese zu stören, etwa durch Vorgabe einer bestimmten Reihenfolge oder einer bestimmten Abfolge von Themen.

Die häufig zu lesende Instruktion, von Anfang bis Ende zu berichten (z. B. Fondren Happel 2016), ist insofern nicht sinnvoll. Kinder und Jugendliche haben ihre Erinnerungen im Gedächtnis (genau wie Erwachsene) nicht nach der logischen Reihenfolge eines Interviewleitfadens organisiert, den man sich zur Vorbereitung der Befragung notiert hat. Wenn ein Kind zwei anscheinend zusammenhangslose Angaben unmittelbar aufeinanderfolgend berichtet, ist das ein Anzeichen dafür, dass diese Details in der Erinnerung des Kindes miteinander verknüpft sind. Eine allenfalls zur Herstellung einer Chronologie vorgenommene Unterbrechung und Rückführung auf das Ausgangsthema würde den Erinnerungsprozess stören und möglicherweise auch die Mitteilungsbereitschaft beeinträchtigen (Köhnken 2003c).

Kinder und Jugendliche generieren in einer Befragung innere Bilder zum jeweiligen Handlungsabschnitt und berichten aus diesen; es ist daher zu empfehlen, notwendige Fragen jeweils auf Details zu dem momentan aktivierten Handlungsabschnitt zu beschränken, da Zwischenfragen zu anderen Handlungsabschnitten die Konzentration des aussagenden Kindes nachhaltig stören und den Informationsgehalt der Angaben erheblich reduzieren können (Fisher und Geiselman 1992). Aus dem zuvor Erwähnten wird deutlich, dass es um das Berichten episodischer Erinnerungen geht. Insbesondere Aussagende, die von **multiplen ähnlichen Erlebnissen** berichten, neigen nicht selten dazu, Angaben zum Ablauf im Allgemeinen zu machen, statt konkrete Episoden zu schildern. In diesem Fall sollten sich Befragende darum bemühen, die aussagende Person im Anschluss an die allgemeinen Angaben dazu zu bewegen, Angaben zu einzelnen Episoden zu machen. Angestrebt werden sollte mindestens eine Beschreibung des ersten, des letzten und eines weiteren Ereignisses (Brubacher et al. 2014; Earhart et al. 2016). Dabei fällt es Aussagenden oftmals leichter, Einzelereignisse zu schildern, wenn sie zu einem Zeitpunkt erfolgten, zu dem ein anderes besonderes Ereignis die Erinnerung an diesen spezifischen Tag unterstützt, z. B. an Feiertagen wie Weihnachten, Geburtstagen etc.

Das im freien Bericht Erwähnte lässt sich in Handlungsabschnitte bzw. kürzere Episoden zerlegen. Zu den einzelnen Handlungsabschnitten werden zu diesem Befragungszeitpunkt jeweils unterschiedlich detaillierte Angaben vorliegen. Bei der Befragung zu einem Handlungsabschnitt sollte wie bereits zuvor mittels einer offenen Anstoßfrage ein freier Bericht evoziert werden, die Nachfragen können dann – wenn notwendig – allmählich spezifischer werden, weswegen dieses Verfahren auch als **Trichtertechnik** bezeichnet wird (Maccoby und Maccoby 1954; Wegener 1989). Es ist also nicht so, dass ein Block trichterförmiger Befragung einem Block freien Berichts folgt. Vielmehr handelt es sich um mehrere Trichter, deren Tiefe und Breite von der im freien Bericht spontan gegebenen Information abhängig ist; ◘ Abb. 6.1 mag dies als Modifikation des Modells von Weber, Berresheim und Capellmann (2011) veranschaulichen. Erst wenn alle Informationen zu einem Handlungsabschnitt erhoben sind, sollte man entsprechend mit dem nächsten verfahren. Wird dieser Szenenwechsel nicht durch das Kind selbst, sondern durch den Befragenden initiiert, dann sollte das Kind explizit auf diesen Szenenwechsel hingewiesen und sichergestellt werden, dass es den Wechsel

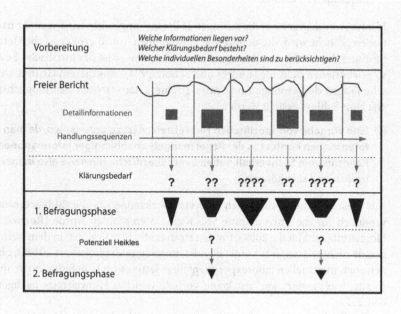

◘ Abb. 6.1 Modifikation des Ablaufschemas der Strukturierten Vernehmung nach Weber, Berresheim und Capellmann (2011)

nachvollzogen hat, dies gilt insbesondere für intellektuell beeinträchtigte Kinder und Jugendliche.

Lediglich potenziell heikle oder sehr peinliche Fragen und mögliche Widersprüche sollten erst in einer zweiten und abschließenden Befragungsphase angesprochen werden, um die Aussagemotivation möglichst lange aufrechtzuerhalten. Auch dann sind Sprünge zwischen Szenen wieder deutlich als solche anzukündigen. Auf mögliche **Widersprüche** sollte grundsätzlich freundlich und nicht konfrontativ eingegangen werden, oftmals stellen sich solche als Scheinwidersprüche heraus, die sich durch Erläuterungen auflösen. Zur gesichtswahrenden und motivationserhaltenden Aufklärung scheinbarer oder tatsächlicher Widersprüche unter Vermeidung eines Signalisierens von Misstrauen empfiehlt sich grundsätzlich ein eher beiläufiger Befragungsstil, den der Schauspieler Peter Falk in den „Columbo-Filmen" bekannt gemacht hat. Er trat in dieser Rolle bewusst freundlich und betont harmlos auf und verhielt sich im Gesprächsverlauf zurückgenommen und untergeordnet oder begründete wichtige Nachfragen mit der eigenen Verwirrtheit über etwas, das er noch nicht ganz verstanden habe. Dieser Befragungsstil bildet den Gegenpol zu einem dominanten, Asymmetrie unterstreichenden **Kommunikationsstil**.

Insbesondere bei der Befragung 4- bis 6-jähriger Kinder, die im freien Bericht noch wenige Informationen liefern, besteht vor dem Hintergrund ihrer ebenfalls erhöhten Suggestionsanfälligkeit im strafrechtlichen Kontext ein Dilemma:

> **Je weniger durch Fragen auf eine kindliche Auskunftsperson eingewirkt wird, umso belastender sind die Aussagen, die auf diese Weise gewonnen werden, umso größer jedoch auch die Gefahr, einen zutreffenden Verdacht nicht bestätigen zu können.**

Je intensiver dagegen auf die aussagende Person eingewirkt wird, je mehr nach Informationen gesucht wird, die den Verdacht bestätigen, umso größer ist die Gefahr der Verformung der kindlichen Aussage und umso geringer ist der juristische Beweiswert der so gewonnenen Befunde (Endres und Scholz 1994). Aus diesem Grunde stellen spezifische Fragen das jeweilige Ende eines Trichters dar – sollten also möglichst wenig und erst zum Schluss gestellt werden.

> **Eine Vorgabe von spezifischen Hinweisreizen ist zu unterlassen, da man im forensischen Kontext in der Regel mangels unabhängiger Informationen keine Kenntnis vom Sachverhalt haben kann, spezifische Hinweise also immer irreführend sein können.**

Aus diesem Grunde sind auch Interviewwerkzeuge wie die **Bildkartenmethode**, die vereinzelt für die Einvernahme von Kindern empfohlen wurde (Roebers 2010 sowie Hermanutz und Litzke 2009), für den strafrechtlichen Kontext, in dem Befragende eben gerade nicht wissen, was vorgefallen ist, ungeeignet (vgl. Volbert 2014a); überdies wurden auch in aktuellen laborexperimentellen Settings (d. h. in Situationen, in denen man wusste, was passiert war) gar keine Vorteile visueller Hinweisreize nachgewiesen (Jordan 2015).

Des Weiteren dürfen **Qualitätsmerkmale** nicht durch direktes Abfragen künstlich erzeugt werden (z. B. Handlungskomplikationen durch die Frage: „Ist mal was dazwischengekommen, dass z. B. jemand reingekommen ist und euch gestört hat?"), denn damit verlieren sie ihre Aussagekraft als Glaubhaftigkeitsmerkmal. Grundsätzlich sollte also unbedingt angestrebt werden, auch bei allen Nachfragen zu einzelnen Handlungsabschnitten mit möglichst wenigen und offenen Erzählanstößen möglichst viel freien Bericht zu erhalten. Je mehr ein Kind von sich aus spricht, je weniger Fragen gestellt werden müssen, desto zuverlässiger sind die Angaben. Es empfiehlt sich daher, die Mitteilungsbereitschaft durch **kontinuierliche** (d. h. inhaltsunabhängige) Verstärkungen (d. h. Signalisieren von Aufmerksamkeit und Interesse durch Kopfnicken, „mhm", „ja" u. Ä.) so lange wie möglich aufrechtzuerhalten. Auch kann es hilfreich sein, ein Kind gelegentlich für seine Erinnerungsbemühungen zu loben, hierbei muss allerdings äußerst sorgfältig darauf geachtet werden, dass eine systematische Verstärkung von Inhalten vermieden wird, da andernfalls eine erhöhte Gefahr suggestiver Beeinflussung besteht (vgl. Köhnken 2003c). Da diese ausgesprochen anspruchsvolle Differenzierung vielen Befragenden erfahrungsgemäß sehr schwer fällt, sind Befragende auf der sicheren Seite, wenn sie kontinuierlich freundlich und interessiert sind, auf Lob jedoch verzichten.

> **❯** Während der gesamten Befragung zur Sache ist darauf zu achten, grundsätzlich freundlich und interessiert zu sein, in der Sache aber stets neutral zu bleiben und niemals parteilich zu sein.

Hierzu gehört insbesondere, dass man sich emotionaler Beteiligung und jeglicher Stellungnahmen und **Bewertungen** enthält (z. B. „Das ist ganz schlimm, so was darf ein Erwachsener mit einem Kind nicht tun."). Diese Verhaltensweisen sind nicht nur problematisch, weil sie eine für den forensischen Kontext unprofessionelle Parteilichkeit zeigen, sondern können bei erlebnisbasierten Aussagen u. U. auch die Aussagemotivation erheblich reduzieren. Zeigen sich Erwachsene emotional betroffen, erscheinen diese Kindern nämlich u. U. nicht stabil genug. In der Folge kann es sein, dass Kinder aus Rücksicht auf deren emotionale Verfassung weniger oder gar nichts mehr berichten. Auch wertende Äußerungen zeigen nicht nur eine unprofessionelle Haltung, sondern können die Aussagebereitschaft empfindlich beeinträchtigen, da sie sich möglicherweise nicht mit den Wertungen des Kindes decken.

Eine neutrale Haltung empfiehlt sich auch, wenn ein Kind weint. **Weinen** ist bei Befragungen zu belastenden Ereignissen nicht ungewöhnlich und bietet in der Regel auch noch keinen Anlass zur Unterbrechung einer Befragung. Wichtig ist es dann, dem Kind mit dem eigenen Verhalten (z. B. Reichen eines Taschentuchs **ohne** eigene Betroffenheit oder Äußerung von Besorgnis) zu signalisieren, dass Weinen in Ordnung ist und man dafür Verständnis hat (vgl. Volbert 2015). Gesten oder Hinweise sollten mit größtmöglicher Selbstverständlichkeit erfolgen, denn ein Thematisieren des aktuellen Gefühlszustands kann leicht zu einer Übersteigerung desselben führen (Arntzen 1978).

> **❯** Gelegentliche Zusammenfassungen des bisher Berichteten in den Worten des Kindes können sehr hilfreich sein.

Sie dienen der Klärung möglicher Missverständnisse und können beim Kind weitere Erinnerungsprozesse anregen. Eine solche Zusammenfassung kann auch zum Abschluss der Befragung erfolgen und sollte unbedingt mit der expliziten Aufforderung verbunden werden, etwaige Missverständnisse zu korrigieren und mögliche Ergänzungen vorzunehmen (vgl. Köhnken 2003c).

Im Anschluss an die Befragung zu den in Frage stehenden Handlungen sind zudem weitere Informationen zu etwaigen ähnlichen Erfahrungen (sogenannten Parallelerlebnissen), zu Kenntnissen entsprechender Medieninhalte und vor allem zur Aussagegeschichte (Wann wurde wem gegenüber unter welchen Umständen erstmalig von den Vorfällen berichtet, wie wurde darauf reagiert und welche weiteren Gespräche oder Befragungen haben seitdem stattgefunden?) zu erheben (vgl. Earhart et al. 2016; Greuel et al. 1998; Volbert 2010). Zusätzlich wird es bei Kindern notwendig sein, die Anzeige erstattende Person und das soziale, allenfalls auch professionelle Umfeld des Kindes zur Entstehung und Entwicklung der Aussage zu befragen. Relevant sind hier etwaige Verdachtsbildungen im Vorfeld erster Aussagen und genaue Beschreibungen der Erstaussagesituationen, wenn möglich auch der Wortlaut der Erstbekundung.

> **Gerade bei Aussagen über belastende Erlebnisse, die Befragte sehr aufgewühlt haben, sollte den Abschluss immer eine Phase bilden, in der die Aufmerksamkeit des Kindes bzw. Jugendlichen auf etwas emotional Positives gelenkt wird.**

Was sich inhaltlich dafür individuell anbietet, ergibt sich in der Regel aus der Phase der Rapportbildung. Insbesondere bei Jugendlichen sollte man darauf achten, wenn möglich Bezug auf eingangs abgegebene Selbstbeschreibungen zu nehmen, um Interesse an der Person deutlich zu machen und damit zu zeigen, dass man sie als Gesprächspartner ernst nimmt. Wie bereits im Zusammenhang mit der audiovisuellen Dokumentation der Aussage erwähnt, beschäftigt Jugendliche in dieser Phase erfahrungsgemäß verstärkt, was mit den Informationen nun geschieht, auch haben sie oftmals allgemeinen Informationsbedarf zum Verfahrensablauf, entsprechend ist auf dieses Bedürfnis hier ausführlich einzugehen. Zwar kann etwa ab einem Alter von 9 Jahren davon ausgegangen werden, dass Kinder über grundlegendes Wissen z. B. zur Rolle der Richterin oder des Anwaltes verfügen, aber auch Jugendliche und selbst Erwachsene sind mit dem Ablauf eines Strafverfahrens und den Aufgaben der verschiedenen Akteure (z. B. Sachverständigen, Staatsanwaltschaft) kaum vertraut und weisen oftmals sehr realitätsferne und bisweilen auch angsterzeugende Vorstellungen auf, die sich oft aus Fernsehserien speisen (zum Ganzen Wolf 1997).

Zusammenfassend sollte man also darum bemüht sein,

- Aussagebereitschaft herzustellen und aufrechtzuerhalten (hierzu dienen z. B. das Herstellen einer angstfreien Atmosphäre, das Klären der eigenen Rolle, eine Reduzierung der Asymmetrie etc.),
- optimale Abrufbedingungen zu schaffen (z. B. durch Ausschaltung von Ablenkung und Störungen etc., Anregung zum freien Bericht, Folgen der individuellen Abruflogik),
- entwicklungsgerecht zu befragen (Erwartungen klären, Verständnissicherung, altersangemessene Fragen etc.) und
- optimale Rahmenbedingungen für eine hohe Aussagequalität erlebnisbasierter Aussagen zu schaffen (z. B. Narrationsübungen zu Beginn, Befragung in Abwesenheit von Bezugspersonen, keine Vorgabe vormaliger Aussagen zur Bestätigung, Zulassen von Erinnerungslücken, Unstrukturiertheit, Nebensächlichkeiten etc.).

Zu vermeiden ist dagegen alles,

- was die Zuverlässigkeit der Aussage gefährdet (z. B. Druck und Suggestion in jeglicher Form, Bewertungen, Herstellung von Spiel- bzw. Als-ob-Situationen etc.),
- was Erinnerungsprozesse stört (z. B. Thema wechseln, keine Denkpausen lassen, Ablenkung, Unterbrechen von Episoden etc.),
- was die Aussagebereitschaft beeinträchtigt (z. B. unterbrechen, nicht richtig zuhören, Vorwürfe machen oder auch emotionale Betroffenheit zeigen, Bewertungen vornehmen etc.)
- was die Aussagequalität beeinträchtigt (z. B. Abfragen von Glaubhaftigkeitsmerkmalen, zu wenig freier Bericht, Signalisieren von Skepsis bei erwartungswidrigen Angaben etc.).

Hinweise und Empfehlungen zur Befragung

- Regen Sie mit offenen Anstoßfragen möglichst viel zu freiem Bericht an.
- Erhalten Sie die Mitteilungsbereitschaft durch interessiertes Zuhören möglichst lange aufrecht.
- Halten Sie Pausen aus.
- Stellen Sie nicht sofort Fragen, wenn das Kind zum ersten Mal signalisiert, dass es nun alles erzählt habe.
- Folgen Sie bei einer Befragung den individuellen Abrufprozessen des Kindes und nicht der Themenfolge in einem Leitfaden. Um das zu verhindern, legen Sie wesentliche Themen besser in Form einer Mindmap an. Dadurch stellen Sie sicher, dass Sie kein wesentliches Thema vergessen, bleiben aber flexibel.
- Beschränken Sie Fragen auf das momentan aktivierte Erinnerungsbild zu einem Handlungsabschnitt.
- Gehen Sie pro Handlungsabschnitt nach der Trichtertechnik vor, bis Sie alle Informationen zu diesem Handlungsabschnitt haben; sparen Sie lediglich heikle und kompromittierende Fragen für den Schluss auf.
- Weisen Sie explizit auf Szenenwechsel hin.
- Regen Sie Aussagende dazu an, von Episoden zu berichten.
- Versuchen Sie auch bei allgemeinen Angaben zu multiplen ähnlichen Erlebnissen, die Aufmerksamkeit auf konkrete einzelne Episoden zu lenken.
- Verwenden Sie keine Interviewwerkzeuge, die mit spezifischen Hinweisreizen arbeiten.
- Fragen Sie Glaubhaftigkeitsmerkmale nicht ab.
- Seien sie freundlich, aber in der Sache strikt neutral.
- Nehmen Sie keine Bewertungen vor.
- Zeigen Sie keine emotionale Betroffenheit.
- Bewahren Sie Ihre Neutralität auch dann, wenn ein Kind weint. Weinen ist weder ungewöhnlich noch besorgniserregend. Als Befragender muss man solche Situationen aushalten können, ohne selbst emotional betroffen zu sein.
- Zeigen Sie Verständnis. Halten Sie, falls Kinder weinen müssen, ggf. Taschentücher bereit. Eine übertriebene Anteilnahme ist unangemessen. Körperkontakt (z. B. zum Trostspenden) sollten Sie grundsätzlich vermeiden.

- Fragen Sie anschließend nach, wem gegenüber wann und in welcher Situation von der Sache berichtet wurde und wie es dann weiterging (Reaktionen, Maßnahmen, weitere Befragungen etc.).
- Fragen Sie zum Schluss auch nach möglichen ähnlichen Erlebnissen mit einer anderen Person und nach Kenntnissen entsprechender Medieninhalte.
- Geben Sie (ohne konkrete Versprechungen) allgemeine Informationen zum weiteren Verfahrensablauf, beantworten Sie etwaige Fragen und bringen Sie die aussagende Person abschließend durch ein unbelastetes Thema wieder in einen emotional stabilen Zustand.

Eine **Mindmap**, d. h. eine kartenartige Aufzeichnung von Gedächtnisinhalten, ist eine aus der Kognitionspsychologie stammende Technik zur visuellen Darstellung eines Themengebiets. Der britische Psychologie Tony Buzan hat auf der Basis von Vorarbeiten aus den 1970er Jahren im Jahr 1993 das „Mind-map-Buch" herausgegeben (deutsche Ausgabe: Das Mind-map-Buch: die beste Methode zur Steigerung ihres geistigen Potentials, Moderne Verlagsgesellschaft, München 2002, 5. Auflage). Gedanken werden auf einem nicht eingeteilten Papier dargestellt. In die Mitte kommt das zentrale Thema, davon ausgehend werden Verästelungen, überhaupt Themen bis zu schließlich dünner werdenden Zweigen für weitere Gedankenebenen dargestellt. Mittlerweile gibt zahlreiche Umsetzungen für Computer, teilweise auch frei verfügbare Mindmap-Software.

6.5   Probleme der Befragungspraxis und Lösungsversuche

Seit den 1990er Jahren flossen einige der in den vorangegangenen Abschnitten referierten Erkenntnisse international vermehrt in Polizeihandbücher ein und führten zur Entwicklung von allgemeinen Leitlinien zur Befragung von Minderjährigen (vgl. Milne und Bull 2003). Auch die meisten einschlägigen deutschsprachigen Publikationen zu Vernehmungstechniken enthalten einen Abschnitt zu Besonderheiten bei der Befragung von Kindern, zumeist in Form eines mehr oder weniger ausgearbeiteten Praxis-Tools (z. B. Brockmann und Chedor 1999; Habschick 2006; Hermanutz et al. 2015; Heubrock und Donzelmann 2010; Knight und Townsend 2006; LKA Schleswig-Holstein 1998, unveröffentlichtes Manuskript). Auch Phasenmodelle für den Ablauf von Befragungen wurden bereitgestellt (z. B. Greuel 2008).

Da allgemeine Leitlinien in der Praxis nicht den gewünschten Erfolg zeitigten, wurden international verschiedene Leitfäden für die Befragung von Kindern im strafrechtlichen Kontext entwickelt. Angestrebt wurde damit eine Qualitätssicherung durch eine stärkere Strukturierung der Befragungssituation, die Ermittelnden weniger Spielraum für suggestive Fragen lassen und freien Bericht fördern sollte. Analysen forensischer Originalbefragungen haben gleichwohl wiederholt gezeigt, dass es gerade die erforderliche zurückgenommene, nicht lenkende Befragungsweise ist, die Befragenden trotz entsprechender Trainingsmaßnahmen und Handlungsanleitungen die größten Schwierigkeiten zu bereiten scheint (Schreiber Compo et al. 2012).

Auch unter Zuhilfenahme recht detaillierter Anleitungen und Leitfäden scheint es Ermittlern daher schwer zu fallen, Aussagende zu freiem Bericht anzuregen (Poole und Lamb 1998). Auch Trainings, in denen versucht wurde, durch das Einüben der Strukturierten Vernehmung die Qualität von Befragungen und damit einhergehend auch die der Aussagen zu erhöhen, erbrachten zwar kleine Erfolge, Evaluationsstudien zu solchen Trainingsmaßnahmen verweisen allerdings auf ein wesentliches Problem: Von solchen Trainings schienen ausschließlich Personen zu profitieren, die Befragte bereits vor dem Training tendenziell frei berichten ließen (Weber und Berresheim 2004). Bei Personen, welche ein Training besonders nötig gehabt hätten, schien dieses hingegen nicht die erwünschte Wirkung zu erzielen.

> ❯ Diese Befunde deuten darauf hin, dass auch personenbezogene Faktoren einen wesentlichen Einfluss auf den Erfolg solcher Maßnahmen haben dürften, wobei nicht von einem einfachen Zusammenhang zwischen Persönlichkeitsmerkmalen im engeren Sinne und Befragungsleistung auszugehen ist (Bull 2013). Vielmehr dürften Diskrepanzen zwischen Selbst- und Fremdeinschätzung der eigenen Befragungsleistung sowie persönliche Einstellungen relevant sein, welche wiederum das Befragungsverhalten (etwa die Auswahl von Befragungstechniken und -taktiken) beeinflussen (Vallano et al. 2015).

Insbesondere die Bereitschaft und Motivation, sich hinterfragen zu lassen, Fehler zu reflektieren und die eigenen Fertigkeiten durch Trainings mit systematischer Rückmeldung zu verbessern, scheinen zentrale personenbezogene Aspekte zu sein, denen im Sinne einer persönlichen Eignung optimalerweise bereits bei der Personalauswahl, spätestens aber bei der Zuweisung bestimmter Tätigkeitsbereiche Beachtung geschenkt werden sollte. Möchte man diese Aspekte zu einem späteren Zeitpunkt positiv beeinflussen, wird das Bereitstellen einer Befragungstechnik allein sicherlich nicht ausreichen, sondern es wird einer Einstellungsänderung bedürfen[3].

Am National Institute of Child Health and Human Development (NICHD) wurde für forensische Befragungen von Kindern das NICHD „Investigative Interview Protocol" entwickelt. Bei der Konstruktion dieses sehr ausführlichen und kleinschrittigen Interviewleitfadens wurden theoretische und empirische entwicklungspsychologische Erkenntnisse berücksichtigt (Lamb et al. 2008; Orbach et al. 2000; vgl. auch Lamb et al. 2011a). Mit der Entwicklung dieses Interviewleitfadens wurde vor dem Hintergrund der bis dahin sehr ernüchternden Erfahrungen mit dem Einsatz von allgemeinen Leitlinien und Interviewleitfäden das Ziel verfolgt, eine unterstützende Befragung ohne suggestiven Charakter zu gewährleisten und möglichst viele Informationen durch freien Bericht zu erzielen (zusammenfassend Cirlugea und O'Donohue 2016; Fisher et al. 2014). Inzwischen liegt auch eine deutschsprachige Version vor (abrufbar unter http://nichdprotocol.com/german.pdf [letzter Zugriff am 09.08.2016]).

Neben dem Leitfaden für die Befragung zur Sache enthält das **NICHD-Protokoll** auch einen ebenso ausführlichen Leitfaden für die drei vorausgehenden Befragungsabschnitte:

---

3   Vor der Auswahl für Personalentwicklungsmaßnahmen zur Spezialisierung auf Befragungen von Kindern wäre es entsprechend sinnvoll, für diese Tätigkeit besonders geeignete Kandidaten auszusuchen. Das Geschlecht stellt hingegen kein brauchbares Auswahlkriterium dar, da ihm de facto eine untergeordnete Rolle zukommt (vgl. Fondren Happel 2016; Greuel 1993). Das Geschlecht Befragender scheint am ehesten bei pubertierenden Mädchen bedeutsam zu sein (Michaelis 1970; Greuel et al. 1998).

- die Einleitung, in der dem befragten Kind zunächst die Gesprächsregeln erläutert werden (Abschnitt I),
- den Abschnitt II der Rapportbildung, in dem das Kind dazu aufgefordert wird, ausführlich zu erzählen, was es gerne macht,
- und schließlich den Abschnitt III (Training des Abrufs aus dem episodischen Gedächtnis), in welchem das Kind dazu angeregt wird, ausführlich von einem persönlich relevanten, fallneutralen Ereignis zu berichten, das idealerweise etwa zur Zeit des relevanten Geschehens stattgefunden haben sollte.
- Anschließend wird das Kind daran erinnert, alles zu berichten, und darauf hingewiesen, dass es beides berichten kann, Gutes und Schlechtes, und wird dann dazu aufgefordert, ausführlich vom Vortag zu berichten. Diese fallneutrale Anregung zur Narration erfüllt eine Trainingsfunktion für das befragte Kind: Indem das Kind aufgefordert wird, im freien Bericht ausführliche Aussagen abzugeben, soll diese Art des Berichts bereits vor Beginn der Aussage zur Sache etabliert werden. Von Vorteil ist zudem, dass der Befragende sich dabei einen guten Eindruck über die sprachlichen Fähigkeiten und Besonderheiten verschaffen kann, und damit auch Aussagen zu Vergleichszwecken erhoben werden.
- Für Kinder, die auch nach zwei Narrationsrunden noch nicht in der notwendigen Detailliertheit berichten, ist eine weitere Schlaufe zum aktuellen Tag vorgesehen.
- Anschließend wird die Befragung zur Sache eingeleitet (Abschnitt IV) und erfolgt in den weiteren Abschnitten (V–VIII) zunächst in freiem Bericht und anschließend mit offenen Erzählanstößen zu spezifischen, vom Kind erwähnten Handlungsabschnitten.
- Im Anschluss an die Befragung zu den relevanten Erlebnissen folgt in Abschnitt IX zudem eine Befragung zur Aussagegeschichte, bevor die Befragung zur Sache beendet (Abschnitt X) und zu einem neutralen Thema übergeleitet wird (Abschnitt XI).

> **Das Besondere am NICHD-Protokoll ist, dass die gesamte Befragungssituation durch wortwörtliche Instruktionen und genaue Verhaltensanleitungen für jedwede kindliche Reaktionsweise fast vollständig durchstrukturiert ist, ohne jedoch für die Befragung zur Sache eine <u>inhaltliche</u> Abfolge vorzugeben, welche die Erinnerungsprozesse stören könnte.**

Ermittelnde werden dadurch einerseits in der Befragungssituation selbst kognitiv deutlich entlastet, andererseits werden sie durch vorgegebene Formulierungen und Handlungsschritte daran gehindert, suggestive Fragen zu stellen oder sich zu wenig um freien Bericht zu bemühen.

Von Vorteil sind aus aussagepsychologischer Sicht des Weiteren vor allem die Integration der Fragen zur Aussagegeschichte, deren Erhebung in der Praxis in der Regel fehlt, sowie die fallneutralen Narrationsübungen, welche ebenfalls wesentlich zum Erfolg dieses Konzeptes betragen dürften. Mit Hilfe dieser Übungen kann die Benachteiligung von Kindern, die es nicht gewohnt sind, Erinnerungen in dieser Weise abzurufen und zu berichten, zwar nicht ausgeglichen werden, sie können aber mit dem Erzählvorgang etwas vertrauter werden. Gleichzeitig gewinnt die befragende Person einen Eindruck, wie schwer es dem Kind fällt, auch fallneutrale Sachverhalte abzurufen und zu berichten, z. B. aufgrund seiner bisher mangelnden kognitiven Entwicklungsförderung. Die Intensität kann jeweils auf die individuellen Bedürfnisse angepasst werden (zusammenfassend Cirlugea und O'Donohue 2016).

Die Wirksamkeit des Einsatzes des Originalleitfadens wurde mehrfach evaluiert. Im Wesentlichen zeigte sich, dass durch den Einsatz dieses Instrumentes eine deutliche Steigerung des Umfangs an freiem Bericht erreicht werden konnte, wobei intensive Trainings notwendig sind, um entsprechende Effekte zu erzielen (Lamb et al. 2007, 2002), und überdauernde positive Effekte nur durch regelmäßige, in den Arbeitsalltag integrierte Auffrischung und regelmäßige individuelle Feedbacks zum eigenen Befragungsverhalten durch forensisch ausgebildete Trainer[4] aufrechtzuerhalten sind (zusammenfassend Fisher et al. 2014; Stewart et al. 2011).

Es sei angemerkt, dass jede der im NICHD-Protokoll enthaltenen Formulierungen wie auch die chronologische Abfolge der Fragen und anderen Äußerungen von den Autoren aufgrund theoretischer Erwägungen bewusst gewählt wurden und Wirksamkeitsnachweise im Sinne einer Steigerung des freien Berichts ausschließlich für die Originalversion vorliegen. Änderungen sollten ebenfalls evidenzbasiert erfolgen. Werden Änderungen aus pragmatischen Gründen vorgenommen, sollte man sich dessen bewusst sein, dass die Evaluationsergebnisse nur für die Originalversion gelten und dass Änderungen negative Auswirkungen haben können. Beispielsweise erfüllen Narrationsübungen, die aus pragmatischen Gründen erst im Anschluss an die Aussage zur Sache durchgeführt werden, ihren Zweck – namentlich, die aussagende Person auf den erwarteten Berichtsstil vorzubereiten – überhaupt nicht mehr. Besonders problematisch muss die beispielsweise in der derzeitigen Befragungspraxis in der Schweiz offenbar übliche Übernahme einzelner Elemente erscheinen, welche aus fachlicher Sicht sogar kritisch zu bewerten sind (z. B. Einleitung zur Unterscheidung Wahrheit/Lüge und Aufforderung, der Reihenfolge nach zu erzählen), unter Auslassung sinnvoller Elemente (z. B. eines Trainings des Abrufs episodischer Erinnerungen[5]). Betrachtet man die in der Befragungspraxis verwendeten Unterlagen[6], dann kann man sich des Eindrucks nicht erwehren, dass hier bewusst oder unbewusst nur einzelne Elemente unsystematisch übernommen oder weggelassen wurden, was einen erheblichen Einfluss auf die Qualität der Befragung hat.

Das originäre NICHD-Protokoll erfüllt in vielerlei Hinsicht auch vorgenannte Empfehlungen, die sich aus aussagepsychologischen Erkenntnissen ableiten lassen. Das NICHD-Protokoll scheint insofern gerade vor dem Hintergrund der bisher sehr mäßigen Erfolge alternativer Versuche grundsätzlich ein vielversprechender Ansatz zu sein, allerdings erscheinen aus aussagepsychologischer und entwicklungspsychologischer Sicht einige Aspekte auch kritisch: So schließt beispielsweise die vermeintliche Testung der Fähigkeit, zwischen Wahrheit und Lüge zu unterscheiden, wie sie momentan auch

---

4   Angesichts der Praxissituation weisen wir darauf hin, dass ein Training mit diesem Interview-Leitfaden ebenso wie Supervision und Beratung von Ermittlungsbehörden forensische Erfahrung und Unparteilichkeit erfordert, insbesondere im Hinblick auf eine Neutralität des Zugangs und die Notwendigkeit der Prüfung von alternativen Erklärungsansätzen. Trainerinnen und Trainer sollten zudem intensive aussagepsychologische Kenntnisse sowie Kenntnisse über entwicklungspsychologische und entwicklungspsychopathologische Fakten haben.

5   Bei Berichten über Familie, Schulkolleginnen u.Ä. handelt es sich z. B. gerade nicht um episodische Erinnerungen.

6   z. B. stellvertretend für andere die Anleitungen für Befragende in Zürich.

in der schweizerischen Befragungspraxis[7] regelmäßig anzutreffen ist (Oertle 2009), Irrtümer und z. B. mangelnde Fähigkeit der Farberkennung mit ein. Somit ist sie genau genommen nicht einmal zur Abgrenzung von Wahrheit und Lüge geeignet, sagt vor allem aber gar nichts über die Zuverlässigkeit der nachfolgenden Aussage aus, ist wohl aber dazu angetan, Aussagende (insbesondere solche, die ohnehin sehr skrupulös sind) ängstlicher und unsicherer und damit weniger auskunftsfreudig werden zu lassen. Jugendliche und sehr wahrscheinlich bereits ältere Kinder dürften sich zudem durch solche Fragen nicht ernst genommen fühlen.

Von praktisch tätigen Vertretern der Aussagepsychologie wurde zudem schon früh darauf hingewiesen, dass eine Befragung im forensischen Kontext bestimmte Voraussetzungen erfüllen müsse, um verwertbare Aussagen zu erhalten (Arntzen 1978; Trankell 1982; Undeutsch 1957, 1967, 1982; Wegener 1989) – für Ermittlungs- und Untersuchungsverfahren nach der Schweizerischen Strafprozessordnung gilt dies wegen der Beschränkung der Anzahl der Befragungen in besonderem Maße. Dementsprechend sind neben entwicklungspsychologischen auch spezifisch aussagepsychologische Erkenntnisse bei der Gestaltung einer Befragungssituation zu berücksichtigen. So wird etwa das Merkmal der Unstrukturiertheit, welches als diagnostisch besonders wertvoll anzusehen ist, durch die im NICHD-Protokoll enthaltene Aufforderung, von Anfang an der Reihe nach zu berichten, nachdrücklich beeinträchtigt (Niehaus 2007).

Für den Fall schließlich, dass ein Kind keinen strafrechtlich relevanten Sachverhalt berichtet, wirken die im Originalleitfaden vorgegebenen Befragungsschleifen ausgesprochen insistierend und sind somit ungeachtet der im Einzelnen suggestionsfrei formulierten Fragen dazu geeignet, erheblichen Erwartungsdruck zu signalisieren. Die Suggestivität einer Befragungssituation ergibt sich wie ausgeführt nicht allein aus der Frageformulierung, sondern vielmehr z. B. aus dem Befragungsdruck (vgl. Volbert 2015), den bei diesem Procedere zumindest Kinder, die trotz mehrerer Aufforderungen nicht berichten, sehr deutlich zu spüren bekommen dürften. Zudem werden gegen Ende des Originalleitfadens auch die Frageformulierungen selbst suggestiv. Hier deutet sich ein grundlegendes Problem an, das offenbar auch durch die Anwendung eines vollständig standardisierten Leitfadens allein nicht zu lösen sein wird. Auf dieses Problem soll in ▶ Kap. 7 näher eingegangen werden.

---

7   Beispielsweise anhand von falschen und richtigen Angaben der Farbe von Gegenständen oder Kleidungsstücken.

Warum Techniken allein nichts nützen – das Problem konfirmatorischer Prozesse und Überlegungen zu wirksamen Gegenmaßnahmen

© Springer-Verlag GmbH 2017
Susanna Niehaus, Renate Volbert, Jörg M. Fegert,
Entwicklungsgerechte Befragung von Kindern in Strafverfahren,
DOI 10.1007/978-3-662-53863-0_7

Der Forderung von Experten, dass möglichst viel freier Bericht mit suggestionsfreien Nachfragen anzustreben sei, wurde in der Praxis weithin zugestimmt. Entsprechende Leitlinien mit generellen Hinweisen zur Befragung von Kindern sind auch spätestens seit den 1990er Jahren bei Ermittlungsbehörden in Umlauf, allein eine in der Praxis wahrnehmbare Wirkung schien wider Erwarten auszubleiben. International durchgeführte Felduntersuchungen, bei denen authentische Befragungen im Rahmen von Strafverfahren analysiert wurden, demonstrieren, dass entsprechende Leitlinien von Ermittelnden spontan kaum befolgt werden. Im Gegenteil lenken diese die Kommunikation oftmals durch einen hohen Anteil an Ja-Nein-Fragen sowie dadurch, dass sie Pausen selbst füllen und Vermutungen äußern, um das Gespräch in Gang zu halten. In der Folge ist es unmöglich, möglicherweise originär vom Kind stammende Angaben noch vom Einfluss des Befragenden zu trennen (z. B. Schreiber Compo et al. 2012; zusammenfassend Fisher et al. 2014; Laney und Loftus 2016; Milne und Bull 2003; Poole und Lamb 1998).

Auch der aktuelle wenngleich naturgemäß nicht repräsentative Einblick in Befragungen im Rahmen deutscher und schweizerischer Strafverfahren über eigene Sachverständigen- und Unterrichtstätigkeit[1] der Erst- und Zweitautorin macht deutlich, dass es trotz des anzunehmenden Bekanntheitsgrades der Suggestionsproblematik und entsprechender Weiterbildungen zu teilweise massiven suggestiven Beeinflussungen auch durch speziell ausgebildete Befragende kommt, derer sich die Betroffenen selbst offenbar gar nicht bewusst zu sein scheinen (vgl. auch Niehaus 2012). Wenn etwa ein 4-jähriges, offenkundig nicht aussagewilliges Kind im Rahmen einer halbstündigen audiovisuellen Befragung auf dem Schoß der Mutter, welche immer wieder aktiv lenkend in die Befragung eingreift, insgesamt 38 direkte Erzählaufforderungen erhält, gepaart mit weiteren effektiven Suggestionstechniken (z. B. Versprechungen, Drohungen, verbalen und nonverbalen Belohnungen und Bestrafungen sowie massivem moralischem Druck), und das Kind letzten Endes, um der Situation endlich zu entkommen (da dessen mehrfache Bitte, nach Hause gehen zu dürfen, nicht erhört wurde), Vorgaben bejaht und für diese Verhaltensänderung mit Schokokugeln, Lob, emotionaler und körperlicher Zuwendung der Mutter sowie der ersten Pause belohnt wird und die im Übertragungsraum anwesende Kinderpsychologin eine angemessene, kindgerechte Befragung attestiert, dann erscheint das Verhalten der Beteiligten bei Betrachtung der Befragungsprotokolle und Videoaufnahmen aus einer neutralen Distanz nicht nachvollziehbar. Es ist zu vermuten, dass es den Involvierten ebenso erschiene, wenn sie die Situation mit etwas Abstand betrachten würden. Ähnliches gilt für Situationen, in denen ganz entscheidende Sätze audiovisuell befragter Kinder bei der Verschriftlichung der Aussage weggelassen werden.

Zur Rolle der Spezialisten

Vor dem Hintergrund solcher Kunstfehler muten die Ausführungen von Oertle (2009) „ein ganz wichtiger Aspekt in der Tätigkeit der Spezialistinnen und Spezialisten [bestehe] in deren reiner Existenz", […] es könne „ungemein hilfreich sein, einem zu befragenden Opfer oder dessen Eltern vor der Befragung auf dessen Einwände und Ängste hin versichern zu können, es sei eine Psychologin ebenfalls vor Ort […]", wenngleich sie vielleicht gar nicht so gemeint sein mögen, doch beinahe sarkastisch an.

---

1   Ermittler stellen z. B. in der Schweiz und in Deutschland im Rahmen von Weiterbildungsveranstaltungen eigene Fälle zur Diskussion.

Da es expliziter Auftrag der Spezialisten ist, darauf zu achten, dass das Kind keinen Schaden durch die Befragung nimmt, wäre es folgerichtig deren Pflicht, bei deutlicher Suggestivität der Befragungsbedingungen einzuschreiten und diese zu dokumentieren, denn hierdurch erleidet das Kind in jedem Falle einen Schaden. Kommt es hierdurch zu einer falschen Verurteilung mit einem dauerhaften Verlust einer Bezugsperson oder gar zu einer Pseudoerinnerung, so wird das befragte Kind zum Opfer seiner Befragungsbedingungen. Wird aufgrund einer solchen Befragung die Aussage über ein tatsächliches Erlebnis juristisch wertlos, dann besteht die Gefahr, dass das Kind der Missbrauchssituation weiterhin ausgesetzt sein wird. Beide Fehler sind also im Interesse des Kindes unbedingt zu vermeiden (vgl. Lilienfeld 2016).

Im Hinblick auf die Verfahrensweisen in der Schweiz und in Österreich bleibt anzumerken, dass weder für die Durchführung von Befragungen im österreichischen Strafverfahren noch zur avisierten Sicherstellung der kindgerechten Befragung durch im Übertragungsraum anwesende Spezialisten im schweizerischen Strafverfahren ein Expertenstatus allein dadurch erreicht werden kann, dass die betreffende Person Fachpsychologe für Kinder- und Jugendpsychologie (CH) oder eine im schonenden Umgang mit Kindern geschulte Person ist (AU). Ein Blick auf das Weiterbildungscurriculum für den Master in Kinder- und Jugendpsychologie (MAS KJP) der Universität Basel und die in diesem Rahmen angebotenen Veranstaltungen (Zugriff auf die Webseite der Schweizerischen Vereinigung für Kinder- und Jugendpsychologie am 14.05.2016) lässt nämlich unschwer erkennen, dass hier wesentliche Themen nicht behandelt werden, die notwendig erscheinen, um Personen für die Durchführung einer forensisch verwertbaren Befragung oder für die Beurteilung einer solchen zu qualifizieren und damit eine kindgerechte (da nicht suggestive) Befragung ermöglichen und andernfalls eine Intervention sicherstellen zu können. Insbesondere im Hinblick auf die österreichische Strafverfahrenspraxis, in der Personen mit vorwiegend klinischem Hintergrund Opferzeugen selbst befragen, muss angesichts der aufgezeigten Anforderungen einer solchen Aufgabe bedenklich stimmen, dass diese sich durch die Schulung im schonenden Umgang mit Kindern als Sachverständige qualifizieren (▶ Abschn. 2.2).

Das wirft die Frage nach der Ursache dieses Verhaltens auf. Ein grundlegendes Problem könnte sein, dass eine Vermeidung von Beeinflussung in der Praxis häufig auf eine Vermeidung suggestiver Fragen reduziert wird. Suggestivfragen sind allerdings lediglich eine sehr offensichtliche Form suggestiver Beeinflussung, die auch für Laien leicht erkennbar und weit weniger gefährlich ist als weniger offensichtliche Beeinflussungsformen wie etwa sozialer Erwartungsdruck oder nonverbale Belohnung oder Bestrafung (Garven et al. 1998; Schemm und Köhnken 2008).

> ❯ In der Regel sind nicht einzelne suggestive Frageformulierungen problematisch, es ist vielmehr die suggestive Grundstimmung, welche ihre Wirkung auch ohne offenkundige Suggestivfragen entfaltet (Volbert 2015).

Um suggestive Befragungen wirkungsvoll zu verhindern, ist es notwendig, zu verstehen, wie es überhaupt dazu kommen kann, dass trotz des Bekanntheitsgrades der Auswirkungen solcher Techniken Befragungsdruck auf Aussagende ausgeübt wird (Duke et al. 2016; Köhnken 1997). Schulz-Hardt und Köhnken sind in einer Reihe von Untersuchungen dieser Frage nachgegangen und konnten am Beispiel des „Montessori-Prozesses" eindrucksvoll belegen, wie eine ergebnisoffene bzw. kritisch hinterfragende Hypothesenprüfung beim Verdacht des sexuellen Kindesmissbrauchs von psychischen Prozessen (d. h. Wahrnehmungen, Schlussfolgerungen, Befragungsverhalten) abgelöst wird, die zwangsläufig zur Bestätigung der bereits bestehenden Vorannahme (sexueller Übergriff hat stattgefunden) führen – dies selbst dann, wenn Befragende sowie die betroffene Person selbst eine Bestätigung des eigenen Verdachts sogar fürchten (Schulz-Hardt und Köhnken 2000). Die aus dieser Vorannahme resultierenden Befragungsprozesse sind häufig durch eine Vielzahl zum Teil höchst subtiler und nicht auf den ersten

Blick ersichtlicher suggestiver Techniken gekennzeichnet, ohne dass dies beabsichtigt wäre (Principe et al. 2013). Denn diese sogenannte **konfirmatorische** (d. h. selbstbestätigende) **Prüfstrategie** beinhaltet keine Möglichkeit, sich vom Nichtzutreffen der eigenen Annahme zu überzeugen (Schemm und Köhnken 2008).

Der Erwerb von Befragungstechniken allein, wie er derzeit auch etwa in der Weiterbildung für Ermittler, die auf audiovisuelle Einvernahmen mit Kindern spezialisiert sind, praktiziert wird (z. B. Hopfner 2010), wird daher nicht ausreichen, um suggestiver Einflussnahme in der Strafverfahrenspraxis vorzubeugen. Zentral ist eine konsequente Umsetzung der Ergebnisoffenheit, welche nur durch zusätzliche flankierende Maßnahmen zu erreichen sein wird. Erforderlich erscheint in diesem Sinne eine stärkere Sensibilisierung für die Denkmöglichkeit einer Suggestionsproblematik (Duke et al. 2016). Beeinflussung erfolgt wesentlich subtiler als durch Suggestivfragen, und deren Verhinderung erfordert eine Sensibilisierung für relevante und bislang noch weniger bekannte Wirkmechanismen suggestiver und konfirmatorischer Prozesse sowie ein aktives Einüben von **Gegenstrategien** (z. B. einer kritischen Reflexion eigener Vorannahmen, einer gezielten Suche nach Gegenannahmen und Pro- und Contra-Belegen für diese Annahmen) und geeigneter **Kontrollmechanismen** (vor allem regelmäßige individuelle Rückmeldungen durch hierfür speziell ausgebildete, unabhängige und nichtparteiliche Personen) (vgl. Bradley et al. 2016; Ceci et al. 2016; Schemm 2008; Schemm und Köhnken 2008).

Das aktive Bemühen um eine **Ergebnisoffenheit** von Befragungen, auf welche in diesem Kapitel fokussiert wurde, ist deswegen so zentral, weil es ein geradezu charakteristisches Merkmal der Befragungen in den spektakulären, international dokumentierten Großprozessen war, dass die Befragenden mit der Überzeugung zu Werke gingen, die befragten Kinder seien sexuell missbraucht worden. Ob ein Missbrauch stattgefunden hatte, stand also bereits zu Beginn der Ermittlungen überhaupt nicht mehr zur Debatte (z. B. Duke et al. 2016; Köhnken 1997; Steller 1998, 2000).

❯ Fehlende Ergebnisoffenheit Befragender scheint somit das zentrale Problem zu sein.

Ähnlich wie bei dem Erfolg von Vernehmungstrainings scheinen auch hier zudem persönlichkeitsbezogene Aspekte – dies weniger im Sinne von Persönlichkeitseigenschaften als vielmehr schwer verlernbarer Verhaltensgewohnheiten und Einstellungen – eine nicht unwesentliche Rolle zu spielen (Milne und Bull 2003; Schemm 2008). Diese Erkenntnis könnte man auch für die Personalrekrutierung nutzen, welche für andere Bereiche polizeilicher Tätigkeit ebenfalls üblich ist (zusammenfassend Niehaus et al. 2014a). Auf diese Weise könnte zusätzlich ein indirekter Beitrag zu einer Optimierung der Befragungsbedingungen für Kinder im Rahmen von Strafverfahren und zu einer optimalen Verwertbarkeit von deren Aussagen geleistet werden.

Plädoyer für verbindliche Befragungsstandards

© Springer-Verlag GmbH 2017
Susanna Niehaus, Renate Volbert, Jörg M. Fegert,
Entwicklungsgerechte Befragung von Kindern in Strafverfahren,
DOI 10.1007/978-3-662-53863-0_8

Mit der vorliegenden Handreichung sollte – ausgehend von einer Analyse der Unterschiede und Gemeinsamkeiten der rechtlichen Situation minderjähriger Opferzeugen in Strafverfahren in Deutschland, Österreich und der Schweiz – aufgezeigt werden, welche entwicklungspsychologischen, entwicklungspsychopathologischen und aussagepsychologischen Erkenntnisse berücksichtigt werden sollten, um optimale Rahmenbedingungen für die Verwertbarkeit verfahrenszentraler Aussagen minderjähriger Opferzeugen in Strafverfahren zu schaffen. Aufgrund der besonderen Bedeutung der Qualität der Erstbefragung für den Verlauf und den Ausgang eines Verfahrens haben wir den Fokus hier auf Möglichkeiten der Optimierung dieser Erstbefragungssituation gelegt, wobei grundlegende Überlegungen durchaus auch für Befragungssituationen im weiteren Verlaufe des Verfahrens verwertbar sind, auch wenn diese Befragungen in der Regel nicht mehr so umfassend vorgenommen werden.

Zwar unterscheiden sich die rechtlichen Rahmenbedingungen der hier berücksichtigten Nachbarländer teilweise erheblich, gemeinsam ist deren Strafprozessordnungen aber die darin deutlich werdende Intention des Gesetzgebers, einerseits bestimmten Opfergruppen besonderen Schutz angedeihen zu lassen und dabei andererseits ein faires Verfahren sicherzustellen bzw. Rahmenbedingungen zu schaffen, welche der Feststellung der materiellen Wahrheit dienen. Während ein Nachweis der Wirksamkeit einiger verfahrensbezogener Opferschutzmaßnahmen noch aussteht, und sich einige zum Schutz gedachte Regelungen langfristig evtl. sogar eher negativ auf die Zufriedenheit von Opferzeugen auswirken könnten, nämlich dann, wenn diese eine Verurteilung des Beschuldigten aufgrund der Verschlechterung der Beweislage erschweren (Volbert, Skupin und Niehaus, in Vorbereitung), steht außer Frage, dass angemessene Befragungsbedingungen höchst relevant sind – dies nicht allein im Hinblick auf das Belastungserleben von Opferzeugen, sondern auch im Hinblick auf die Wahrheitsfindung (Johnson et al. 2016).

❯ Da eine Beurteilung immer mit Bezug auf die Aussage selbst erfolgen muss, bildet eine optimale Verwertbarkeit des bei in Frage stehenden Straftaten gegen die sexuelle Integrität zentralen Beweismittels belastender Angaben von Opferzeugen in allen drei Ländern eine wesentliche Grundlage für ein faires Verfahren.

Weder Leitlinien noch Befragungsleitfäden allein konnten bislang im deutschsprachigen Raum die erhoffte Optimierung bringen. Eine systematische Standardisierung im Sinne des Gesamtkonzeptes des NICHD-Protokolls ist hier bislang nicht erfolgt und vermutlich aus den dargestellten Gründen ohne Modifikationen und eine systematische Evaluation auch nicht empfehlenswert.

Der Effekt einmaliger **Trainingsmaßnahmen** für Vernehmungspersonen scheint insgesamt gering. Von Trainingsmaßnahmen scheinen insbesondere diejenigen Personen nicht zu profitieren, welche Trainingsmaßnahmen besonders nötig hätten. Eine grundlegende Schwierigkeit scheint darin zu bestehen, dass die Notwendigkeit fortlaufender Trainingsmaßnahmen nicht erkannt wird, dies zumindest nicht für die eigene Person (Schreiber Compo et al. 2012).

Während man diesem Problem beispielsweise in Großbritannien erfolgreich mit entsprechender Personalselektion begegnet – im Anschluss an Schulungsmaßnahmen, die allen Ermittlern zuteilwerden, werden letztlich nur die Personen, welche sich in

Trainings als besonders talentiert erweisen, zur Befragung von Opferzeugen eingesetzt (Fisher et al. 2011, 2014) – folgt der Personaleinsatz in Deutschland und der Schweiz einer anderen Logik – eingesetzt wird beispielsweise, wer sich für dieses Tätigkeitsfeld interessiert oder aufgrund des Geschlechts als geeignet erscheint.

Als besonders ungünstig ist in diesem Zusammenhang auch die in der Schweiz anzutreffende, wohl dem Föderalismusgedanken geschuldete Praxis zu bewerten, pro Kanton möglichst vielen Ermittlern eine Weiterbildung zum Spezialisten für die Befragung kindlicher Opferzeugen zukommen zu lassen. Zwar ist es auf der einen Seite zu begrüßen, dass Kompetenzen möglichst weit gestreut werden, dieses Vorgehen führt auf der anderen Seite aber dazu, dass diese speziell ausgebildeten Personen aufgrund der begrenzten Fallzahl kaum eine Gelegenheit erhalten, das erworbene Wissen regelmäßig in die Praxis umzusetzen und ausreichende praktische Erfahrungen zu sammeln. Ein Großteil dieser Personen führt im Laufe ihres Berufslebens nur sehr wenige Befragungen durch, manche sogar nur eine oder zwei. Diese geringe Übungsmöglichkeit dürfte kaum ausreichen, um eine Expertise zu erreichen, durch die eine kindgerechte und methodisch saubere Befragung sichergestellt werden kann. Im Umkehrschluss bedeutet dies, dass Opferzeugen in der Schweiz nicht selten von Personen befragt werden, die sowohl in Bezug auf praktische Befragungen als auch den Umgang mit Kindern sehr unerfahren sind. Eine Gruppe hochspezialisierter, zentral (d. h. möglichst kantonsübergreifend) abrufbarer Ermittler wäre aus fachlicher Sicht geeigneter, dem Anliegen des Opferschutzes und der Verfahrensgerechtigkeit gerecht zu werden. Die hierfür notwendige Finanzierung dürfte durch Einsparungen der Verfahrenskosten, welche durch unzureichende Befragungen entstehen, mehr als ausreichend abgedeckt werden. Auch das Argument der mangelnden Fallkenntnis kann hier nicht greifen – es ist problemlos möglich, sich anhand einer sorgfältig geführten Ermittlungsakte innerhalb kurzer Zeit die für eine professionelle Befragung notwendige Fallkenntnis anzueignen, wie dies ja auch von Sachverständigen regelmäßig erwartet wird. In Verdachtsfällen sexuellen Kindesmissbrauchs ist die Aktenlage zu dem in der Regel frühen Zeitpunkt der Erstbefragung meist ohnehin dünn. Es wäre also eher eine Frage der Sorgfalt der Aktenhaltung und des Wissensmanagements als der grundsätzlichen Machbarkeit.

Soll unter den derzeitigen Rahmenbedingungen (d. h. mit vielen, relativ wenig erfahrenen Personen) gleichwohl sichergestellt werden, dass Aussagen Minderjähriger aufgrund optimaler Befragungsbedingungen die erforderliche Aussagequalität aufweisen, um vor Gericht Bestand zu haben, und sollen insbesondere auch solchen Kindern durch eine konsequentere Förderung freien Berichts optimale Aussagebedingungen geboten werden, welche aufgrund ihrer Sozialisationsbedingungen gerade ohne vorgängige fallneutrale Narrationsübungen ansonsten systematisch benachteiligt werden und falsch eingeschätzt werden können, dann scheint eine kleinschrittige Standardisierung der Befragungssituation grundsätzlich ein sinnvoller und erfolgversprechender Ansatz zu sein, um mit wenig organisatorischem Aufwand gute Effekte zu erzielen, die sowohl den Opferinteressen als auch dem Strafverfolgungsgedanken gerecht werden. Insbesondere für Befragende, die über wenig Erfahrung verfügen, dürfte eine verbindlichere Standardisierung auch subjektiv eine erhebliche Erleichterung darstellen, die wiederum zu einer entspannteren Befragungsatmosphäre beitragen dürfte.

Die Entwicklung eines solchen, kleinschrittig standardisierten Befragungsinstruments könnte grundsätzlich in Anlehnung an das für den Einsatz im angloamerikanischen Raum und weiteren Ländern evaluierte und inzwischen auch ins Deutsche übersetzte (abrufbar unter http://nichdprotocol.com/german.pdf [letzter Zugriff am 09.08.2016]) NICHD-Protokoll ausgearbeitet werden, allerdings müsste das Original nach Einschätzung der Autoren für die spezifischen strafprozessualen Anforderungen der deutschsprachigen Länder adaptiert werden[1].

Modifikationen des NICHD-Protokolls erscheinen aber auch aus fachlichen Gründen geboten, da sich einige Elemente des Originals auf forensische Traditionen beziehen, die eher historisch als empirisch begründbar sind.

— Wie weiter oben ausgeführt, ergibt eine ausführliche Testung der Unterscheidungsfähigkeit von Lüge und Wahrheit weder aussagepsychologisch noch entwicklungspsychologisch Sinn, kann sich hingegen negativ auf den Verlauf der Befragung auswirken.

— Aus aussagepsychologischer Sicht sollte zudem die Qualität einer Aussage nicht ohne Not durch ungeeignete Instruktionen in einem Leitfaden verringert werden. Problematisch erscheint in dieser Hinsicht die im Original enthaltene Aufforderung, von Anfang bis Ende zu erzählen, durch die das wertvolle Glaubhaftigkeitsmerkmal der Unstrukturiert der Schilderung unterbunden wird.

— Nicht zuletzt wäre es zusätzlich zur Vermeidung suggestiv formulierter Fragen von Vorteil, die Suggestivität der Gesamtsituation noch stärker in den Blick zu nehmen.

Um die Praxistauglichkeit bzw. die Handhabbarkeit und die Akzeptanz eines solchen Befragungstools sicherzustellen, sollte dessen Entwicklung und Anpassung möglichst breit abgestützt unter Einbezug von Vertretern der Strafverfolgungsbehörden des jeweiligen Landes erfolgen, wobei der methodische Kern abgesehen von sprachlichen Eigenheiten grundsätzlich länderübergreifend entwickelt werden könnte. In Verbindung mit einem Intensivtraining sollte ein wissenschaftlich begleiteter Pilotversuch erfolgen, um die Handhabbarkeit und Wirksamkeit des Verfahrens wissenschaftlich evaluieren und auf dieser Basis nötigenfalls weitere länderspezifische Feinanpassungen (im Detail der Umsetzung rechtlicher Vorgaben und im Hinblick auf sprachliche Eigenheiten des jeweiligen Landes) vornehmen zu können (Duke et al. 2016).

Der Einsatz eines sinnvollen Befragungstools allein stellt allerdings noch keine hinreichende Bedingung zur Sicherstellung einer kindgerechten und professionellen Befragung von Opferzeugen im Strafverfahren dar. Um langfristig die Wirksamkeit einer erlernten Befragungsmethodik sicherzustellen, erscheinen flankierende Maßnahmen der Personalentwicklung unumgänglich, an erster Stelle sind hier regelmäßige Auffrischungen eines anfänglichen Intensivtrainings sowie regelmäßige und in den Arbeitsalltag integrierte individuelle Rückmeldungen im Rahmen von Supervision und Beratung zu nennen (Hirn et al. 2015; Nevermann-Jaskolla 2004), welche durch entsprechend qualifizierte, unparteiliche und forensisch erfahrene Personen durchgeführt werden sollten (vgl. Bradley et al. 2016; vgl. auch Eggler 2009). Im Rahmen des notwendigen Intensivtrainings muss es neben der Vermittlung der Befragungstechnik insbe-

---

1   Beispielsweise haben Opferzeugen in der Schweiz wie weiter oben ausgeführt etwa grundsätzlich das Recht, Aussagen, die ihre Intimsphäre betreffen, zu verweigern (vgl. z. B. Donatsch et al. 2014), wodurch in einem Sexualstrafverfahren wesentliche Teile der Aussage betroffen sein dürften, wohingegen diese in Deutschland zur Aussage verpflichtet sind.

sondere gelingen, die zentrale Überzeugung von der grundsätzlichen Notwendigkeit hypothesenprüfenden Vorgehens zu vermitteln, da konfirmatorische Prozesse allein dadurch verhindert werden können (vgl. Ceci et al. 2016; Cirlugea und O'Donohue 2016; Duke et al. 2016). Personen, die Opferzeugen befragen, müssen die Möglichkeit im Auge behalten, dass die aussagende Person **nicht** Opfer einer Straftat wurde, da nur auf diese Weise verhindert werden kann, dass sich einseitige Voreinstellungen unbeabsichtigt auf die Befragung auswirken und das Ergebnis der Befragung so letztlich entwerten und beispielsweise eine Verurteilung Schuldiger vereiteln (Coulborn Faller 2016). Diese Haltung dürfte allerdings in einigen Fällen ein Umdenken erforderlich machen, das nur mit didaktisch anspruchsvollen Bemühungen um Einstellungsänderung erreicht werden kann.

Das Anliegen einer länderübergreifend stärkeren Professionalisierung und Vereinheitlichung des Umgangs mit Opferzeugen stünde nicht zuletzt auch in Einklang mit dem im Oktober 2012 umgesetzten Vorschlag der Europäischen Kommission für eine Richtlinie über einheitliche Mindeststandards und grenzüberschreitende Schutzanordnungen, also mit Bemühungen um übereinstimmende Opferschutzgesetze auf politischer Ebene, und mit einer konsequenten Umsetzung der **Kinderrechte** im Strafverfahren. Möglicherweise von Straftaten betroffene Kinder brauchen hochqualifizierte Befragungspersonen, die Ihnen die bestmögliche Aussageleistung ermöglichen. Auf diese Weise wird die Basis dafür gelegt, dass im Rahmen des Verfahrens mit größtmöglicher Sicherheit adäquate Konsequenzen gezogen werden können.

Für die deutschsprachigen Länder sind aufgrund der erheblichen Folgen, die mit den Verfahren verbunden sind, deutlich stärkere Forschungs- und Weiterbildungsbemühungen zu fordern.

Die technischen Voraussetzungen, die geschützte Videosupervisionssysteme zu Forschungs- und Disseminationszwecken ermöglichen, sind mittlerweile u. a. mit Unterstützung des deutschen Bundesforschungsministeriums (BMBF) entwickelt und in der Praxis erprobt worden (z. B. Video-Supervision im Rahmen des Projektes „CANMANAGE" und im Rahmen des Projektes „Treat Child Trauma". Durch den systematischen Einsatz solcher Techniken könnte in Zukunft eine verbesserte Akzeptanz solcher Befragungstools erreicht werden, wenn entsprechende Leitfäden für die deutschsprachigen Länder entwickelt und empirisch überprüft worden sind.

Bei der Verbreitung entsprechenden Fachwissens sollten auch modernere fachdidaktische Möglichkeiten der Weiterbildung von Ermittlern wie auch von Staatsanwälten sowie Richtern geprüft werden. Im Bereich des Kindesschutzes liegen mittlerweile für die Heilberufe zahlreiche evaluierte, aufwendige E-Learning-Programme vor, die nachweislich praktische Verhaltensänderungen bewirkt haben (vgl. Fegert et al. 2015; Hoffmann et al. 2013).

Bislang ist das gesicherte Grundlagenwissen für die direkt „an der Front" arbeitenden Befragungspersonen eher in verkürzten Leitfäden dargestellt worden, die selbst wieder dadurch ein gewisses Risiko bergen. Wir haben hier versucht, die Komplexität des vorhandenen Wissens zur Befragung, insbesondere jüngerer Kinder, in der notwendigen Breite darzustellen, weil das Trainieren von Befragungstechniken und Abläufen allein, ohne ein Verständnis für die zugrunde liegenden wissenschaftlichen Erkenntnisse in der Praxis nicht zielführend sein kann. Gerade weil bei diesen Straftaten, für die es in der Regel keine unbeteiligten Zeugen gibt, die Aussage des Kindes notwendigerweise im Zentrum der Fallabklärung steht, sollten in allen drei deutschsprachigen Ländern verstärkte empirische Forschungsbemühungen, ebenso wie eine systematische Aus-, Fort- und Weiterbildung von Befragungspersonen erfolgen, um eine konsequente Umsetzung der Kinderrechte im Strafverfahren zu gewährleisten.

Service-Teil

Glossar

Als-Ob-Spiele Form des Spielverhaltens mit Symbolcharakter, bei dem das Kind so tut, als ob es jemand anderes wäre oder die verwendeten Gegenstände etwas anderes wären

Asymmetrische Kommunikation Ist gegeben, wenn zwei Personen kommunizieren, die z. B. aufgrund ihrer Rollen oder ihres Vorwissens keine gleichberechtigten Gesprächspartner sind

Aussagegeschichte Bezieht sich innerhalb der forensischen Diagnostik auf die „Geburtsstunde" der Aussage und auf deren weiteren Entwicklungsverlauf

Aussagepsychologie Teilgebiet der Psychologie, in dem die einer Aussage zugrunde liegenden Vorgänge des Wahrnehmens, des Speicherns, der Reproduktion und der sprachlichen Wiedergabe der aufgenommenen Informationen erforscht werden. Seit 1953 rückte Undeutsch den Aspekt des Wahrheitsgehalts der Aussage in den Fokus der Forschung. Die heutige Methode der Glaubhaftigkeitsbegutachtung geht ursprünglich auf seinen Ansatz zurück.

Aussagetüchtigkeit Bezieht sich auf die Fähigkeit einer Person, einen spezifischen Sachverhalt zuverlässig wahrzunehmen, diesen in der zwischen dem Geschehen und der Befragung liegenden Zeit im Gedächtnis zu bewahren, das Ereignis angemessen abzurufen, die Geschehnisse in einer Befragungssituation verbal wiederzugeben und Erlebtes von anders generierten Vorstellungen zu unterscheiden. Es geht dabei nicht darum, ob es sich um eine glaubhafte oder um eine im Einzelnen fehlerfreie Darstellung eines Ereignisses handelt, sondern darum, ob eine Person eine zuverlässige Aussage zur Sache machen könnte, wenn sie Entsprechendes erlebt hätte. Aus der Fragestellung der erhaltenen Aussagetüchtigkeit lassen sich keine Aussagen über die Glaubhaftigkeit oder über die Richtigkeit der Angaben des Zeugen ableiten. Ein Absprechen der Aussagetüchtigkeit hat andererseits in der Regel zu Folge, dass die Aussage für den weiteren rechtlichen Prozess nicht berücksichtigt wird (Volbert und Lau 2008).

Autobiografisches Langzeitgedächtnis Langzeitgedächtnis, in dem insbesondere persönliche Erfahrungen, Emotionen und Erlebnisse der eigenen Lebensgeschichte abgespeichert werden (▶ episodisches Gedächtnis)

Baby-Talk Sprache, die bevorzugt gegenüber Säuglingen und Kleinkindern gebraucht wird. Sie zeichnet sich u. a. durch eine hohe Tonlage, deutliches Sprechen und eine übertriebene Satzmelodie aus.

Delegierte Einvernahme Staatsanwaltschaftliche Befragung im schweizerischen Untersuchungsverfahren, im Auftrage der Staatsanwaltschaft ausgeführt durch die Polizei

Deskriptiv Beschreibend

Egozentrismus(annahme)/Egozentrismus des Kindes Piaget ging davon aus, dass Kinder bis zum Alter von 6 Jahren aufgrund ihrer Selbstbezogenheit unfähig seien, die Perspektive anderer Personen einzunehmen. Neuere Studien scheinen die Egozentrismusannahme jedoch in Frage zu stellen.

Eigenpsychisch Die eigene Psyche betreffend, diese umfasst das eigene Erleben, Verhalten, Denken und Fühlen.

Enkodieren Unter Enkodierung wird in der Gedächtnisforschung der Prozess der Einspeicherung von Inhalten in eine (oder mehrere) Gedächtniskomponente(n) zum Zweck der langfristigen Speicherung und des späteren Abrufs verstanden. Die Enkodierung stellt damit – neben dem Speichern und dem Abruf – eine von drei Phasen des Gedächtnisses dar.

Enkodierprozesse (Enkodierung) Verarbeitungsprozesse, anhand derer Wahrgenommenes in ▶ Gedächtnisrepräsentationen umgewandelt wird

Entwicklungspsychologie Teilgebiet der Psychologie, das sich mit der Beschreibung, Beobachtung, Untersuchung sowie Erklärung der Veränderungen im menschlichen Erleben, im Verhalten und der Wahrnehmung über die gesamte Lebensspanne von der vorgeburtlichen Entwicklung bis zum Tod befasst

Entwicklungspsychopathologie Teildisziplin der Psychologie, die an der Schnittstelle zwischen klinischer Kinderpsychologie und Entwicklungspsychologie verortet ist. Die Entwicklungspsychopathologie befasst sich mit den Ursachen und dem Verlauf normalen und auffälligen Verhaltens.

Episode Hier: erlebtes Ereignis

Episodische Erinnerungen ▶ Episodisches Gedächtnis

Episodisches Gedächtnis Gedächtnis für persönlich erlebte Ereignisse (oder spezifische Episoden), die sich an einem bestimmten Ort zu einem bestimmten Zeitpunkt ereignet haben (wie z. B. der gestrige Kinobesuch). Das episodische Gedächtnis wird häufig mit dem ▶ autobiografischen Gedächtnis, dem Gedächtnis für die Ereignisse des eigenen Lebens, gleichgesetzt.

Ereignisschema Mentale Struktur, die dazu dient, das eigene Wissen über den Ablauf bestimmter Ereignisse in Kategorien zusammenzufassen und damit ähnliche Arten von Informationen zu organisieren

Evozieren Hervorrufen, erzeugen

Falschinformationseffekt Werden zu einem Ereignis irreführende nachträgliche Informationen erwähnt, kann dies zu einer Veränderung der Aussage führen.

Felduntersuchung/Feldstudie Systematische wissenschaftliche Beobachtung unter natürlichen Bedingungen (d. h. außerhalb eines Labors)

First-Order-Belief ▶ Theory of Mind

Gedächtnisrepräsentation/mentale Repräsentation Inneres Abbild von Reizen (Erfahrungen, Erlebnissen etc.) im Gedächtnis

Glaubhaftigkeitsmerkmale Inhaltliche Merkmale einer Aussage, die eher in erlebnisbegründeten als in erfundenen Aussagen auftreten (▶ Aussagepsychologie). Erfundene Aussagen zeigen weniger schemainkonsistente und -irrelevante Details (z. B. Ungewöhnliches,

Nebensächliches, Handlungskomplikationen) als erlebnisbegründete Schilderungen und zeichnen sich durch ein Fehlen solcher Aussageelemente aus, die intuitiv für Lügenindikatoren gehalten werden oder die Kompetenz der aussagenden Person in Frage stellen könnten (z. B. Zugeben von Erinnerungsunsicherheiten, spontane Selbstkorrekturen). Die Begriffe Glaubhaftigkeitsmerkmal, Realkennzeichen und Qualitätsmerkmal werden innerhalb der aussagepsychologischen Literatur häufig synonym verwendet.

Grammatikalisch Sich auf die Regeln der Sprachlehre beziehend

Idiosynkratisch Spezifisch, eigentümlich

In foro Vor Gericht

Interindividuelle Unterschiede Unterschiede zwischen zwei oder mehreren Personen

Introspektionsfähigkeit Fähigkeit, das eigene Erleben und Verhalten durch nach innen gerichtete Selbstbeobachtung zu betrachten, zu beschreiben und zu analysieren

Kognitive Fähigkeiten Leistungen des Gehirns (Denkvermögen, Wissen, Problemlösefähigkeit, Lernfähigkeit, Abstraktionsfähigkeit, Erkennen von Zusammenhängen etc.)

Konfabulation (Lat. „fabula": Fabel, Geschichte, Märchen) Produktion objektiv falscher Aussagen

Konformitätsdruck Gruppenzwang, mit der Meinung oder dem Verhalten anderer Personen entgegen der eigenen Wahrnehmung, Einschätzung oder Einstellung übereinzustimmen

Konventionelle Zeitskalen Hier: allgemeingebräuchlicher Maßstab der Zeitmessung (z. B. Uhrzeit, Wochentag, Jahresangabe)

Lautbildung Produktion von Lauten bei der Artikulation von Wörtern

Lexikalisch Zum Wortschatz gehörend

Lügenhypothese Hypothetische Annahme, bei einer Aussage handle es sich um eine absichtliche Falschaussage (Lüge). Die Lügenhypothese stellt lediglich eine der im Rahmen der

Glaubhaftigkeitsbegutachtung zu widerlegenden Gegenhypothesen zur Wahrannahme dar. Eine zweite betrifft die ▶ Suggestionshypothese.

Metapher Bildhafter Ausdruck

Mindmap Diagrammartige Darstellungsmethode, um Ideen, Zusammenhänge, Konzepte zu veranschaulichen

Narration Zusammenhängende Schilderung

Narrative Struktur Spezifische Textstruktur von Erzählungen; Schilderung von Handlungen und Ereignissen, die in einer zeitlich oder kausal bedingten Reihenfolge angeordnet sind

Parallelerlebnisse Ähnliche Erlebnisse bzw. Vorerfahrungen mit einer anderen als der beschuldigten Person

Prädiktor Variable, die in der statistischen Analyse benutzt wird, um die Werte einer anderen Variable vorherzusagen

Pragmatische Sprachkompetenzen Kommunikative Kompetenz

Prima vista Auf den ersten Blick

Prozedurale Gerechtigkeit Subjektiv wahrgenommene Fairness des Entscheidungsprozesses (nicht des Ergebnisses) und der persönlichen Behandlung innerhalb eines Strafverfahrens

Pseudoerinnerung Subjektiv echte, objektiv nicht zutreffende Erinnerung an ein Erlebnis. Sowohl Kinder als auch Erwachsene können mit der Anwendung suggestiver Techniken dazu gebracht werden, Ereignisse zu erinnern, die sie tatsächlich nicht erlebt haben.

Quellenmonitoring (Quellenüberwachung) Fähigkeit einer aussagenden Person, Gedächtnisinhalte hinreichend zuverlässig den zugrunde liegenden Quellen (z. B. selbst erlebt, gehört, gelesen, darüber gesprochen?) zuzuordnen (im Gegensatz dazu ▶ Quellenverwechslungsfehler)

Quellenverwechslungsfehler Von einem Quellenverwechselungsfehler bzw. einem Fehler bei der Quellenzuordnung von Gedächtnisrepräsentationen spricht man z. B.,

wenn die häufige mentale Beschäftigung und die dadurch erzeugte Lebendigkeit und leichte Abrufbarkeit von Gedächtnisrepräsentationen dazu führt, dass Betroffene diese für eine tatsächliche Erinnerung an etwas Erlebtes halten.

Rapport(bildung) Herstellung einer vertrauensvollen Gesprächsbasis

Reziproke Verpflichtung Gegenseitige Verpflichtung

Second-Order-Belief ▶ Theory of Mind

Sekundäre Viktimisierung Schädigung eines Opfers durch das Verfahren selbst

Semantic leakage control Fähigkeit, während eines Täuschungsversuches die Folgerichtigkeit bzw. Widerspruchsfreiheit von Aussagen aufrechtzuerhalten

Standardisierung Hier: Vereinheitlichung der Verfahrensweise durch genaue Verhaltensvorgaben

Subsidiarankläger Subsidiarankläger ist gemäß § 65 Abs. 4 StPO-Österreich jeder Privatbeteiligte, der eine von der Staatsanwaltschaft zurückgezogene Anklage aufrecht hält.

Suggestionshypothese Hypothetische Annahme, dass eine Aussage Ergebnis suggestiver Beeinflussung ist (▶ Pseudoerinnerung)

Systematische Konditionierung Verfahren aus der Lernpsychologie, bei dem die Auftretenshäufigkeit von Verhaltensweisen erhöht oder verringert wird, indem die Ausführung des Verhaltens mit angenehmen bzw. unangenehmen Konsequenzen (sog. Verstärkung oder Belohnung = Geben eines positiven Reizes oder Weglassen eines negativen Reizes bzw. Bestrafung = Wegnahme eines positiven Reizes oder Hinzufügen eines negativen Reizes) gekoppelt wird.

Themenkohärenz Thema, das in sich logisch zusammenhängend und nachvollziehbar ist

Theory of Mind Gemäß der Theory of Mind beginnen Kinder im Alter von 3 bis 4 Jahren zu verstehen, dass sie andere Personen zu einer falschen Annahme über einen Sachverhalt bringen können. Diese bewusste Täuschung setzt das Verständnis voraus, dass Personen über subjektive Annahmen („Beliefs") verfügen können, die falsch sein können, und dieses wird als „First-Order-Belief-Verständnis" bezeichnet und bei normaler Entwicklung mit etwa 4 Jahren erreicht. Später beginnt sich das „Second-Order-Belief-Verständnis" auszubilden, damit ist das Verständnis gemeint, dass eine Annahme über eine Annahme einer anderen Person falsch sein kann. Dieses Verständnis ist eine Voraussetzung für die erfolgreiche komplexe Täuschung einer Person und ist bei normaler Entwicklung etwa ab einem Alter von 6 Jahren zu erwarten.

Trichtertechnik Befragungsaufbau, der vom Allgemeinen zum Besonderen, von inhalts- leeren Anstoßfragen zu spezifischen Fragen angelegt ist, wobei – gleich der Form eines Trichters – der Hauptbestandteil der Befragung aus Anregungen zu freiem Bericht und offenen Fragen besteht

Überspezifische Verwendung von Kategorien Auch als „Überspezifizierung" bekannter Fehler in der Sprachentwicklung von Kindern, bei dem Wörter nur auf ganz bestimmte Objekte oder Sachverhalte und damit nach Erwachsenenverständnis zu eng angewendet werden (z. B. werden ein Badeanzug oder Schuhe nicht als Kleidung bezeichnet)

Literatur

Arntzen, F. (1978). Vernehmungspsychologie. München: Beck.

Arntzen, F., & Michaelis, E. (1970). Psychologie der Kindervernehmung. Wiesbaden: Schriftenreihe des Bundeskriminalamtes.

Baron-Cohen, S. (2001). Theory of mind and autism: A review. International Review of Research in Mental Retardation 23, 169–184.

Barth, J., Bermetz, L., Heim, E., & Tonia, Th. (2012). The current prevalence of child sexual abuse worldwide: A systematic review and meta-analysis. International Journal of Public Health 58(3), 469–483.

Bennett, N., & O'Donohue, W. T. (2016). Child abuser's threats and grooming techniques. In W. T. O'Donohue, M. Fanetti (Hrsg.), Forensic interviews regarding child sexual abuse: A guide to evidence-based practice (S. 307–316). Cham: Springer.

Benuto, L. T., & Garrick, J. (2016). Cultural considerations in forensic interviewing of children. In W. T. O'Donohue, M. Fanetti (Hrsg.), Forensic interviews regarding child sexual abuse: A guide to evidence-based practice (S. 351–364). Cham: Springer.

Berlinger, A. (2014). Glaubhaftigkeitsbegutachtung im Strafprozess. Beweiseignung und Beweiswert. Luzerner Beiträge zur Rechtswissenschaft (LBR), Band 90. Zürich: Schulthess.

Bowles, P. V., & Sharman, S. J. (2014). A review of the impact of different types of leading interview questions on child and adult witnesses with intellectual disabilities. Psychiatry, Psychology and Law 21(2), 205–217.

Bradley, A. R., Legerski, J.-P., Thomas, K., & Matson, K. E. (2016). Truth, lies, and recantation. In W. T. O'Donohue, M. Fanetti (Hrsg.), Forensic interviews regarding child sexual abuse: A guide to evidence-based practice (S. 293–305). Cham: Springer.

Brockmann, C., & Chedor, R. (1999). Vernehmung. Hilfen für den Praktiker. Hilden: Verlag Deutsche Polizeiliteratur.

Brown, D. A. (2011). The use of supplementary techniques in forensic interviews with children. In M. E. Lamb, D. J. La Rooy, L. C. Malloy, & C. Katz (Hrsg.), Children's testimony: a handbook of psychological research and forensic practice (S. 217–249). Chichester: Wiley.

Brubacher, S. P., Powell, M. B., & Roberts, K. P. (2014). Recommendations for interviewing children about repeated experiences. Psychology, Public Policy, and Law 20(3), 325–335.

Bruck, M., & Melnyk, L. (2004). Individual differences in children's suggestibility: A review and synthesis. Applied Cognitive Psychology 18, 947–996.

Bruck, M., Melnyk, L., & Ceci, S. J. (2000). Draw it again Sam: The effect of drawing on children's suggestibility and source monitoring ability. Journal of Experimental Child Psychology 77, 169–196.

Bull, R. (2013). What is „believed" or actually „known" about characteristics that may contribute to being a good/effective interviewer? International Investigative Interviewing Research Group 5(2), 128–143.

Busse, D., & Volbert, R. (1996). Belastungserleben von Kindern in Strafverfahren. Praxis der Kinderpsychologie und Kinderpsychiatrie 45(8), 290–292.

Busse, D., Volbert, R., & Steller, M. (1996). Belastungserleben von Kindern in Hauptverhandlungen. Reihe Recht, herausgegeben vom Bundesministerium der Justiz. Bonn: Forum Verlag Godesberg.

Buzan, T., & Buzan, B. (2002). Das Mind-map-Buch: die geniale Methode zur Steigerung ihres geistigen Potentials (5. Aufl.). München: Moderne Verlagsgesellschaft.

Cassel, W. S., Roebers, C. E. M., & Bjorklund, D. F. (1996). Developmental patterns of eyewitness responses to repeated and increasingly suggestive questions. Journal of Experimental Child Psychology 61, 116–133.

Ceci, S., Hritz, A., & Royer, C. (2016). Understanding suggestibility. In W. T. O'Donohue, M. Fanetti (Hrsg.), Forensic interviews regarding child sexual abuse: A guide to evidence-based practice (S. 141–153). Cham: Springer.

Cirlugea, O., & O'Donohue, W. T. (2016). Review of psychometrics of forensic interview protocols. In W. T. O'Donohue, M. Fanetti (Hrsg.), Forensic interviews regarding child sexual abuse: A guide to evidence-based practice (S. 237–255). Cham: Springer.

Coulborn Faller, K. (2016). Disclosure failures: Statistics, characteristics, and strategies to address them. In W. T. O'Donohue, M. Fanetti (Hrsg.), Forensic interviews regarding child sexual abuse: A guide to evidence-based practice (S. 123–139). Cham: Springer.

Donatsch, A. (2010). N 2 zu § 14. In A. Donatsch, N. Schmid, Kommentar zur Strafprozess-ordnung des Kantons Zürich.

Donatsch, A., Schwarzenegger, C., & Wohlers, W. (2014). Strafprozessrecht (2. Aufl.). Zürich: Schulthess.

Duke, M. C., Uhl, E. R., Proce, H., & Wood, J. M. (2016). Avoiding problems in child abuse interviews and investigations. In W. T. O'Donohue, M. Fanetti (Hrsg.), Forensic interviews regarding child sexual abuse: A guide to evidence-based practice (S. 219–236). Cham: Springer.

Dziobek, I., & Bölte, S. (2009). Neuropsychologie und funktionelle Bildgebung. In S. Bölte (Hrsg.), Autismus. Spektrum, Ursachen, Diagnostik, Intervention, Perspektiven (S. 131–152). Bern: Huber.

Earhart, B., La Rooy, D., & Lamb, M. (2016). Assessing the quality of forensic interviews with child witnesses. In W. T. O'Donohue, M. Fanetti (Hrsg.), Forensic interviews regarding child sexual abuse: A guide to evidence-based practice (S. 317–335). Cham: Springer.

Eggler, M. (2009). Befragung von kindlichen Zeugen. Kriminalistik 11, 652–657.

Endres, J., & Scholz, O. B. (1994). Sexueller Missbrauch aus psychologischer Sicht. Neue Zeitschrift für Strafrecht 10, 466–473.

Endres, J., Scholz, O. B., & Summa, D. (1997). Aussagesuggestibilität bei Kindern – Vorstellung eines neuen diagnostischen Verfahrens und erste Ergebnisse. In M. Stadler, T. Fabian & L. Greuel (Hrsg.), Psychologie der Zeugenaussage (S. 190–204). Weinheim: PVU.

Erdmann, K. (2001). Induktion von Pseudoerinnerungen bei Kindern. Regensburg: Roderer.

Erdmann, K., Volbert, R., & Böhm, C. (2004). Children report suggested events even when interviewed in a non-suggestive manner: What are its implications for credibility assessment? Applied Cognitive Psychology 18, 589–611.

Erdmann, K., Busch, M., & Jahn, B. (2005). Lang-zeitentwicklung suggerierter Pseudo-

erinnerungen bei Kindern. In K.-P. Dahle, R. Volbert (Hrsg.), Entwicklungspsychologische Aspekte der Rechtspsychologie (S. 306–317). Göttingen: Hogrefe.

Fegert, J. M. (2002). Kommunikation mit Kindern. In L Salgo, G. Zenz, J. M. Fegert, A. Bauer, C. Weber, M. Zitelmann (Hrsg.), Verfahrens-pflegschaft für Kinder und Jugendliche (S. 239–247). Köln: Bundesanzeiger.

Fegert, J. M. (2007). Aufklärung von Probanden als ethische Grundvoraussetzung der Begutachtung in der Kinder- und Jugendpsychiatrie. In G. Klosinski (Hrsg.), Begutachtung in der Kinder- und Jugendpsychiatrie (2. Aufl., S. 17–27). Köln: Deutscher Ärzte-Verlag.

Fegert, J. M., Berger, C., Klopfer, U., Lehmkuhl, U., & Lehmkuhl, G. (2001). Umgang mit sexuellem Missbrauch. Institutionelle und individuelle Reaktionen. Münster: Votum.

Fegert, J. M., Jeschke, K., Thomas, H., & Lehmkuhl, U. (2006). Sexuelle Selbstbestimmung und sexuelle Gewalt. Weinheim: Juventa.

Fegert, J. M., Hoffmann, U., Koenig, E., Niehues, J., & Liebhardt, H. (Hrsg.) (2015). Sexueller Missbrauch von Kindern und Jugendlichen: Ein Handbuch zur Prävention und Inter-vention für Fachkräfte im medizinischen, psychotherapeutischen und pädagogischen Bereich. Heidelberg: Springer.

Fegert, J. M., Andresen, S., Salgo, L., & Walper, S. (2016). Hilfeangebote und strafrechtliche Fallbearbeitung bei sexueller Gewalt gegen Kinder – Vom Kind her denken und organisieren. Zeitschrift für Kindschaftsrecht und Jugendhilfe, 11, 324–334.

Fisher, R. P., & Geiselman, R. E. (1992). Memory-enhancing techniques for investigative interviewing: The cognitive interview. Springfield: Thomas.

Fisher, R. P., Milne, R., & Bull, R. (2011). Inter-viewing cooperative witnesses. Current Directions in Psychological Science 20, 16–19.

Fisher, R., Schreiber Compo, N., Rivard, J., & Hirn, D. (2014). Interviewing witnesses. In T. J., Perfect, D. S. Lindsay (Hrsg.), The SAGE handbook of applied memory (S. 559–578). Los Angeles: Sage.

Fondren Happel, R. (2016). The process of disclosure for child victims. In W. T. O'Donohue, M. Fanetti (Hrsg.), Forensic interviews regarding child sexual abuse: A guide to evidence-based practice (S. 107–122). Cham: Springer.

Füllkrug, M. (1994). Rechtsprobleme bei der Bearbeitung von Sexualdelikten – unter besonderer Berücksichtigung der §§ 177 178 StGB. In S. Kraheck-Brägelmann (Hrsg.), Die Vernehmung von Frauen als Opfer sexueller Gewalt (S. 1–57). Rostock: Hanseatischer Fachverlag für Wirtschaft.

Garven, S., Wood, J. M., Malpass, R. S., & Shaw, J. S. (1998). More than suggestion: The effect of interviewing techniques from the McMartin Preschool case. Journal of Applied Psychology 83(3), 347–359.

Goldbeck, L., Allroggen, M., Münzer, A., Rassenhofer, M., & Fegert, J. M. (2017). Sexueller Missbrauch (Leitfaden Kinder- und Jugendpsychotherapie, Band 21). Göttingen: Hogrefe.

Golomb, C., & Galasso, L. (1995). Make believe and reality: Explorations of the imaginary realm. Developmental Psychology 31, 800–810.

Gordon, B. N., & Schroeder, C. S. (1995). Sexuality. A developmental approach to problems. New York: Plenum Press.

Graf-van Kesteren, A. (2015). Kindgerechte Justiz. Wie der Zugang zum Recht für Kinder und Jugendliche verbessert werden kann. Berlin: Deutsches Institut für Menschenrechte.

Greuel, L. (1993). Polizeiliche Vernehmung vergewaltigter Frauen. Weinheim: Beltz PVU.

Greuel, L. (2001). Wirklichkeit, Erinnerung, Aussage. Weinheim: Beltz, PVU.

Greuel, L. (2008). Zeugenvernehmung. In R. Volbert, M. Steller (Hrsg.), Handbuch der Rechtspsychologie (S. 221–231). Göttingen: Hogrefe.

Greuel, L., Offe, S., Fabian, A., Wetzels, P., Fabian, T., Offe, H., & Stadler, M. (1998). Glaubhaftigkeit der Zeugenaussage. Weinheim: Beltz PVU.

Grimm, H., & Weinert, S. (2002). Sprachentwicklung. In R. Oerter, M. Montada (Hrsg.), Entwicklungspsychologie (5. Aufl., S. 517–550). Weinheim: Beltz PVU.

Gross, J., Hayne, H., & Poole, A. (2006). The use of drawing in interviews with children: A potential pitfall. In J. R. Marrow (Hrsg.), Focus on child psychology research (S. 119–144). New York: Nova.

Grossmann, K., & Grossmann, K. (2014). Verunsicherungen von Bindungen durch elterlichen Zwist. Vortrag im Rahmen des 5. Tages der Rechtspsychologie der Sektion Rechtspsychologie des Berufsverbandes Deutscher Psychologinnen und Psychologen (BDP) am 15. November 2014 in Berlin.

Habschick, K. (2006). Erfolgreich Vernehmen. Heidelberg: Kriminalistik-Verlag.

Hansjakob, Th. (2017). Der Umgang mit Opfern im Strafverfahren unter Berücksichtigung aussagepsychologischer Erkenntnisse. In R. Ludewig, S. Baumer (Hrsg.), Zwischen Wahrheit und Lüge – Aussagepsychologie für die Rechtspraxis. Zürich: Dike.

Harrell, E. (2015). Crime against persons with disabilities, 2009–2013. National Crime Victimization Survey. Washington: Bureau of Justice Statistics. Abrufbar unter: http://www.bjs.gov/index.cfm?ty=pbdetail&iid=5280. Zugegriffen: 2. November 2016.

Harris, P. L., Brown, E., Marriot, C., Whittall, S., & Harmer, S. (1991). Monsters, ghosts, and witches: Testing the limits of the fantasy-reality distinction in young children. British Journal of Developmental Psychology 9, 105–123.

Hermanutz, M., & Litzke, S. M. (2009). Vernehmung in Theorie und Praxis. Stuttgart: Boorberg.

Hermanutz, M., Hahn, J. A., & Jordan, L. (2015). Leitfaden zur strukturierten Anhörung von Kindern im forensischen Kontext. Hochschule für Polizei Baden-Württemberg. Abrufbar unter: http://serwiss.bib.hs-hannover.de/frontdoor/index/index/docId/589. Zugegriffen: 18. Oktober 2016.

Hershkowitz, I. (2011). Rapport building in investigative interviews of children. In M. Lamb, D. J. La Rooy, L. C. Malloy, C. Katz (Hrsg.), Children's testimony (S. 109–128). Chichester: Wiley.

Heubrock, D., & Donzelmann, N. (2010). Psychologie der Vernehmung. Frankfurt a. M.: Verlag für Polizeiwissenschaft.

Hilgert, P. (2016). Aussagepsychologische Gutachten im Strafprozess. NJW 14, 985–989.

Hille, P., Eipper, S., Dannenberg, U., & Claussen, B. (1996). Klara und der kleine Zwerg. Ein Buch für Kinder, die Zeugen beim Gericht sind. Raisdorf: Rathmann.

Hirn Mueller, D., Schreiber Compo, N., Molina, J., Bryon, A., & Pimentel, P. S. (2015). Productive and counterproductive interviewing techniques: Do law enforcement investigators know the difference? Psychology, Public Policy and Law 21(3), 295–308.

Hoffmann, U., König, E., Niehues, J., Seitz, A., Fegert, J. M., & Liebhardt, H. (2013). Onlinekurs „Prävention von sexuellem Kindesmissbrauch". Erste Erfahrungen und Forschungsergebnisse. Nervenheilkunde 32(11), 856–865.

Hopfner, S. (2010). Videobefragungen mit Kindern. Unveröffentlichte Diplomarbeit für die Eidgenössische höhere Fachprüfung Polizist/Polizistin am SPI Neuenburg.

Ihli, D. (2000). Die Bedeutung von Kinderzeichnungen bei Verdacht auf sexuellen Missbrauch. Eine kritische Analyse aus grundlagenpsychologischer und empirischer Sicht. Regensburg: Roderer.

III, C. (2010). Konfrontationsanspruch: Einschränkung und Kompensation. forumpoenale 3, 1–7.

Janke, B. (2008). Emotionswissen und Sozialkompetenz von Kindern im Alter von drei bis zehn Jahren. Zeitschrift für Empirische Pädagogik 22, 126–143.

Janke, B., & Schlotter, C. (2010). Affektive Grundlagen: Emotionen, Selbstwert und Temperament. In E. Walther, F. Preckel, S. Mecklenbräuker (Hrsg.), Befragung von Kindern und Jugendlichen (S. 45–70). Göttingen: Hogrefe.

Johnson, J. L., McWilliams, K., Goodman, G. S., Shelley, A. E., & Piper, B. (2016). Basic principles of interviewing the child eyewitness. In W. T. O'Donohue, M. Fanetti (Hrsg.), Forensic interviews regarding child sexual abuse: A guide to evidence-based practice (S. 179–195). Cham: Springer.

Johnson, M. K., Hashtroudi, S., & Lindsay, D. S. (1993). Source monitoring. Psychological Bulletin 114, 3–28.

Jordan, L. (2015). Strukturierte Anhörung von Kindergartenkindern im polizeilichen Kontext. Ergebnisse einer empirischen Untersuchung zur Evaluation der Anwendbarkeit einer kindgerechten Version der Karten zur strukturierten Vernehmung. In: T. Feltes & B. Schmidt (Hrsg). Policing Diversity – Über den Umgang mit gesellschaftlicher Vielfalt in und außerhalb der Polizei. Band 8 (S. 186–216). Frankfurt: Verlag für Polizeiwissenschaft.

Jud, A., Rassenhofer, M., Witt, A., Münzer, A., & Fegert, J.M. (2016). Häufigkeitsangaben zum sexuellen Missbrauch: Internationale Einordnung, Bewertung der Kenntnislage in Deutschland, Beschreibung des Entwicklungsbedarfs. Unabhängiger Beauftragter für Fragen des sexuellen Missbrauchs, Berlin.

Katz, C., Barnetz, Z., & Hershkowitz, I. (2014). The effect of drawing on children's experiences of investigations following alledged child abuse. Child Abuse & Neglect 38(5), 858–867.

Kendall Tackett, K.A., Williams, L.M., & Finkelhor, D. (1993). The impact of sexual abuse on children: A review and synthesis of recent empirical studies. Psychological Bulletin 113, 164–180.

Kiegelmann, M. (2010). Sprachentwicklungspsychologische Voraussetzungen von Kindern und Jugendlichen und deren Konsequenzen für die Kompetenzen von Befragenden. In E. Walther, F. Preckel, S. Mecklenbräuker (Hrsg.), Befragung von Kindern und Jugendlichen (S. 33–43). Göttingen: Hogrefe.

Kipper, O. (2001). Schutz kindlicher Opferzeugen im Strafverfahren. Kriminologische Forschungsberichte aus dem Max-Planck-Institut für ausländisches und internationales Strafrecht, Band 98. Freiburg i.Br.: edition iuscrim

Kirsch, A. (2001). Trauma und Wirklichkeit. Wiederaufgetauchte Erinnerungen aus psychotherapeutischer Sicht. Stuttgart: Kohlhammer.

Knight, I., & Townsend, D. (2006). Resource book for law enforcement officers on good practices in combating child trafficking (S. 120–156). Wien: International Organization for Migration (IOM) and the Austrian Federal Ministry of the Interior (FM.I).

Köhnken, G. (1997). Suggestive Prozesse in Zeugenbefragungen: Formen und theoretische Erklärungsansätze. Monatsschrift für Kriminologie und Strafrechtsreform 290–299.

Köhnken, G. (2003a). Der Schutz kindlicher Zeugen vor Gericht. In R. Lempp, G. Schütze & G. Köhnken (Hrsg.), Forensische Psychiatrie und Psychologie des Kindes- und Jugendalters (S. 390–400). Darmstadt: Steinkopff.

Köhnken, G. (2003b). Die Aussagefähigkeit kindlicher Zeugen. In R. Lempp, G. Schütze & G. Köhnken (Hrsg.), Forensische Psychiatrie und Psychologie des Kindes- und Jugendalters (S. 381 ff.). Darmstadt: Steinkopff.

Köhnken, G. (2003c). Glaubwürdigkeit. In R. Lempp, G. Schütze & G. Köhnken (Hrsg.), Forensische Psychiatrie und Psychologie des

Kindes- und Jugendalters (S. 341 ff.). Darmstadt: Steinkopff.

Köhnken, G. (2003d). Suggestion und Suggestibilität. In R. Lempp, G. Schütze & G. Köhnken (Hrsg.), Forensische Psychiatrie und Psychologie des Kindes- und Jugendalters (S. 368 ff.). Darmstadt: Steinkopff.

Köhnken, G. (2004). Statement Validity Analysis and the „detection oft the truth". In P. A. Granhag, L. A. Strömwall (Hrsg.), The detection of deception in forensic contexts (S. 41–63). Cambridge: Cambridge University Press.

Köhnken, G. (2010). Mythen und Missverständnisse bei der Beurteilung von (Zeugen-)Aussagen. In N. Saimeh (Hrsg.), Kriminalität als biographisches Scheitern – Forensik als Lebenshilfe? (S. 50-62). Bonn: Psychiatrie Verlag

Köhnken, G. (2014). Prozedurale Gerechtigkeit. In T. Bliesener & G. Köhnken (Hrsg.), Lehrbuch der Rechtspsychologie (S. 261–270). Göttingen: Hogrefe.

Köhnken G., & Dannenberg, U. (1997). Das schleswig-holsteinische Zeugenbegleitprogramm für Kinder. Praxis der Rechtspsychologie 7 (Sonderheft 2), 204–212.

Kraus, U. (2009). Developmental changes in source monitoring in 3- to 5-year-old children – Favourable conditions and factors relevant to early source monitoring. Ph.D. Thesis. Christian-Albrechts-Universität zu Kiel, Germany.

Krüger, P., Caviezel Schmitz, S., & Niehaus, S. (2012). Geistig behinderte Opfer sexueller Gewalt im Strafverfahren – Die Sicht der Betroffenen. Schweizerische Zeitschrift für Heilpädagogik 18(11–12), 8–14.

Krüger, P., Caviezel Schmitz, S., & Niehaus, S. (2014). Mythen geistiger Behinderung und sexueller Gewalt im Strafverfahren. Ergebnisse einer qualitativen Analyse von Strafprozessakten aus zwei Deutschschweizer Kantonen. Vierteljahresschrift für Heilpädagogik und ihre Nachbargebiete 83(2), 124–136.

Krüger, P., Caviezel Schmitz, S., & Niehaus, S. (2016). Täterbezogene Mythen über geistige Behinderung und sexuelle Gewalt. Recht & Psychiatrie 34(2), 87–95.

Kuehnle, K. (1996). Assessing allegations of child sexual abuse. Sarasota, FL: Professional Resource Press.

La Rooy, D. J., Malloy, L. C., & Lamb, M. E. (2011). The development of memory in childhood. In M. E. Lamb, D. J. La Rooy, L. C. Malloy, & C. Katz (Hrsg.), Children's testimony: a handbook of psychological research and forensic practice (S. 49–68). Chichester: Wiley.

Lagattuta, K. H., & Thompson, R. A. (2007). The development of self-conscious emotions: Cognitive processes and social influences. In J. L. Tracy, R. W. Robins, J. P. Tangney (Hrsg.), The self-conscious emotions: Theory and research (S. 91–113). New: York: Guilford.

Lamb, M. E., Orbach, Y., Sternberg, K. J., Esplin, P. W., & Hershkowitz, D. (2002). The effects of forensic interview practices on the quality of information provided by alleged victims of child abuse. In H. L. Westcott, G. M. Davies, R. H. C. Bull (Hrsg.), Children's testimony: A handbook of psychological research and forensic practice (S. 131–145). Chichester: Wiley.

Lamb, M. E., Orbach, Y., Hershkowitz, I., Esplin, P. W., & Horowitz, D. (2007). Structured forensic interview protocols improve the quality and informativeness of investigative interviews with children: A review of research using the NICHD Investigative Interview Protocol. Child Abuse & Neglect 31(11–12), 1201–1231.

Lamb, M. E., Hershkowitz, I., Orbach, Y., & Esplin, P. W. (2008). Tell me what happened: Structured investigative interviews of child victims and witnesses. Hoboken, NJ: Wiley.

Lamb, M. E., La Rooy, D. J., Malloy, L. C., & Katz, C. (2011a). Children's testimony: a handbook of psychological research and forensic practice. Chichester: Wiley.

Lamb, M. E., Malloy, L. C., & La Rooy, D. J. (2011b). Setting realistic expectations: Developmental characteristics, capacities and limitations. In M. E. Lamb, D. J. La Rooy, L. C. Malloy, & C. Katz (Hrsg.), Children's testimony: a handbook of psychological research and forensic practice (S. 15–48). Chichester: Wiley.

Laney, C., & Loftus, E. F. (2016). History of forensic interviewing. In W. T. O'Donohue, M. Fanetti (Hrsg.), Forensic interviews regarding child sexual abuse: A guide to evidence-based practice (S. 1–17). Cham: Springer.

Lazarus, R. S. (1991). Emotion and adaptation. London: Oxford University Press.

Lempp, R., Schütze, G., & Köhnken, G. (2003). Praxis der psychiatrisch-psychologischen Begutachtung. In R. Lempp, G. Schütze & G. Köhnken (Hrsg.), Forensische Psychiatrie und Psychologie des Kindes- und Jugendalters. Darmstadt: Steinkopff.

Li, A. S., Kelley, E. A., Evans, A. D., & Lee, K. (2010). Exploring the ability to deceive in children with autism spectrum disorders. Journal of Autism and Developmental Disorders 40(6), 185–195. doi: 10.1007/s10803-010-1045-4.

Lilienfeld, S. O. (2016). Forensic interviewing for child sexual abuse: Why psychometrics matters. In W. T. O'Donohue, M. Fanetti (Hrsg.), Forensic interviews regarding child sexual abuse: A guide to evidence-based practice (S. 155–178). Cham: Springer.

London, K., Bruck, M., Ceci, S. J., & Shuman, D. W. (2005). Disclosure of child sexual abuse: What does the research tell us about the ways that children tell? Psychology, Public Policy, and Law 11, 194–226.

Loohs, S. (1996). Die Verwendung spezifischer Explorationsmethoden zur Befragung kindlicher Zeugen im Hinblick auf Gedächtnisleistung, Suggestibilität und das Wiedererkennen von Gesichtern. Unveröffentlichte Dissertation, Universität Regensburg.

Lynn, S. J., Krackow, E., Loftus, E. F., Locke, T. G., & Lilienfeld, S. O. (2015). Constructing the past: Problematic memory recovery techniques in psychotherapy. In S. O. Lilienfeld, S. J. Lynn, J. M. Lohr, S. O. Lilienfeld, S. J. Lynn, & J. M. Lohr (Hrsg.), Science and pseudoscience in clinical psychology (2. Aufl., S. 210–244). New York: Guilford Press.

Lyon, T. D. (2011). Assessing the competency of child witnesses: best practice informed by psychology and law. In M. E. Lamb, D. J. La Rooy, L. C. Malloy, & C. Katz (Hrsg.), Children's testimony: a handbook of psychological research and forensic practice (S. 69–85). Chichester: Wiley.

Maccoby, E. E., & Maccoby, N. (1954). The interview: A tool of social science. In G. Lindzey (Hrsg.), Handbook of social psychology, Vol. 1 (S. 449–487). Cambridge: Addison-Wesley.

Meares, R., & Orlay, W. (1988). On self-boundary: A study of the development of the concept of secrecy. British Journal of Medical Psychology 61, 305–316.

Melunociv, K. (2017). Der Einsatz von Aussageanalystinnen und Aussageanalysten im Strafverfahren. Ein Plädoyer für einen möglichst frühen Beizug von sachverständigen Aussagepsychologinnen und -psychologen im Strafverfahren. In R. Ludewig, S. Baumer (Hrsg.), Zwischen Wahrheit und Lüge – Aussagepsychologie für die Rechtspraxis. Zürich: Dike.

Michaelis, E. (1970). Kinder verschiedener Altersstufen als Zeugen. Entwicklungspsychologie der Zeugeneignung. In F. Arntzen, E. Michaelis, Psychologie der Kindervernehmung (S. 39–63). Wiesbaden: Bundeskriminalamt.

Milne, R., & Bull, R. (2003). Psychologie der Vernehmung. Bern: Huber.

MMI, & UNICEF Schweiz (2014). Die Kindesanhörung. Es geht um dich – deine Meinung ist gefragt. Für Kinder ab 5 Jahren. Zürich: UNICEF Schweiz.

Münzer, A., Fegert, J.M., Witt, A.; Goldbeck, L. (2015). Die Inanspruchnahme psychiatrischer/psychotherapeutischer Hilfen sowie der Kinder- und Jugendhilfe durch sexuell viktimisierte Kinder und Jugendliche. Nervenheilkunde 1–2, 26–32.

Nelson, K., & Fivush, R. (2004). The emergence of autobiographical memory: A social cultural developmental theory. Psychological Review 111, 486–511.

Nevermann-Jaskolla, U. (2004). Das Kind als Opferzeuge im Strafverfahren. Würzburger Schriften zur Kriminalwissenschaft, Band 15. Frankfurt am Main: Peter Lang.

Newman, E. J., & Garry, M. (2014). False Memory. In T. J. Perfect, D. S. Lindsay (Hrsg.), The SAGE handbook of applied memory (S. 110–126). Los Angeles: Sage.

Niehaus, S. (2005). Täuschungsstrategien von Kindern und Erwachsenen. In K.-P. Dahle, R. Volbert (Hrsg.), Entwicklungspsychologische Aspekte der Rechtspsychologie (S. 279–294). Göttingen: Hogrefe.

Niehaus, S. (2007). Plädoyer für eine Integration aussagepsychologischer Erkenntnisse in die polizeiliche Vernehmungspraxis. In C. Lorei (Hrsg.), Polizei und Psychologie (S. 325–340). Frankfurt am Main: Verlag für Polizeiwissenschaft.

Niehaus, S. (2010). Begutachtung der Glaubhaftigkeit von Kinderaussagen. Die Praxis des Familienrechts (FamPra) 2, 315–340.

Niehaus, S. (2012). Zur Bedeutung suggestiver Prozesse für die Beurteilung der Glaubhaftigkeit von Aussagen in Sexualstrafsachen. Forumpoenale, 31–37.

Niehaus, S., & Böhm, C. (2010). Glaubhaftigkeitsbegutachtung im Familienrecht. In I. Schwenzer, A. Büchler (Hrsg.), Fünfte Schweizer Familienrechtstage (S. 229–244). Stämpfli: Bern.

Niehaus, S., Krüger, P., & Caviezel Schmitz, S. (2012). Chancen geistig behinderter Opfer sexueller Gewalt im Strafrechtssystem. Schweizerische Zeitschrift für Heilpädagogik 18(11–12), 15–21.

Niehaus, S., Krüger, P., & Caviezel Schmitz, S. (2013). Intellectually disabled victims of sexual abuse in the criminal justice system. Psychology 4(3A), 374–379.

Niehaus, S., Runde. B., & Krause, A. (2014a). Personal- und Organisationsentwicklung bei der Polizei. In T. Bliesener & G. Köhnken (Hrsg.), Lehrbuch der Rechtspsychologie (S. 138–155). Göttingen: Hogrefe.

Niehaus, S., Caviezel Schmitz, S., & Krüger, P. (2014b). Zur Situation geistig behinderter Opfer sexueller Gewalt im Strafverfahren: Unwissen erschwert die juristische Arbeit. Fachzeitschrift CuraViva Verband Heime & Institutionen Schweiz 11, 16-19.

Niggli, M. A., Heer, M., & Wiprächtiger, H. (Hrsg.) (2014). Basler Kommentar Schweizerische Strafprozessordnung / Jugendstrafprozessordnung (StPO/JStPO). Basel: Helbing Lichtenhahn.

O'Donohue, W. T., & Fanetti, M. (Hrsg.) (2016a). Forensic interviews regarding child sexual abuse: A guide to evidence-based practice. Cham: Springer.

O'Donohue, W. T., & Fanetti, M. (2016b). Psychometric analysis of forensic interviews and post hoc interview evaluations. In W. T. O'Donohue, M. Fanetti (Hrsg.), Forensic interviews regarding child sexual abuse: A guide to evidence-based practice (S. 337–350). Cham: Springer.

Oertle, M. (2009). Befragungen von Kindern im Strafverfahren. Schweizerische Zeitschrift für Strafrecht (ZStR) 3, 258–289.

Orbach, Y., & Lamb, M. E. (2007). Young children's references to temporal attributes of allegedly experienced events in the course of forensic interviews. Child Development 78(4), 1100–1120.

Orbach, Y., Hershkowitz, I., Lamb, M. E., Esplin, P. W., & Horowitz, D. (2000). Assessing the value of structured protocols for forensic interviews of alleged child abuse victims. Child Abuse & Neglect 24(6), 733–752.

Perner, J., & Wimmer, H. (1985). „John thinks that Mary thinks that…". Attribution of second-order beliefs by 5–10 year old children. Journal of Experimental Psychology 39, 437–471.

Pfister, W. (2008). Was ist seit BGHSt 45 164 geschehen? Ein Überblick über die neuere Rechtsprechung des Bundesgerichtshofs zur Beurteilung der Glaubhaftigkeit von Zeugenaussagen. Forensische Psychiatrie, Psychologie, Kriminologie 2(1), 3f.

Pillhofer, M., Ziegenhain, U., Nandi, C., Fegert, J. M., & Goldbeck, L. (2011). Prävalenz von Kindesmisshandlung und -vernachlässigung in Deutschland. Annäherung an ein Dunkelfeld. Kindheit und Entwicklung 20(2), 64–71.

Poole, D. A., & Lamb, M. E. (1998). Investigative interviews of children. Washington, DC: American Psychological Association.

Powell, M. B., Thompson, D. M., & Dietze, P. M. (1997). Children's ability to remember an occurrence of a repeated event. Expert Evidence 5, 133–139.

Principe, G. F., & Smith, E. (2008). The tooth, the whole tooth and nothing but the tooth: How belief in the tooth fairy can engender false memories. Applied Cognitive Psychology 22, 625–642.

Principe, G. F., DiPuppo, J., & Gammel, J. (2013). Effects of mothers' conversation style and receipt of misinformation on children's event reports. Cognitive Development 28(3), 260–271.

Pühringer, L. (2016). Kinder und Jugendliche als Zeugen in einem Strafverfahren – aus juristischer Sicht. In S. Völkl-Kernstock, & C. Kienbacher (Hrsg.), Forensische Arbeit mit Kindern und Jugendlichen (S. 175–181). Wien: Springer.

Quas, J. A., & Fivush, R. (Hrsg.) (2009). Emotion and memory in development. New York: Oxford University Press.

Ridley, A. M., Gabbert, F., & La Rooy, D. J. (Hrsg.) (2013). Suggestibility in legal contexts. Psychological research and forensic implications. Chichester: Wiley-Blackwell.

Roberts, K. P., Brubacher, S. P., Powell, M. B., & Price, H. L. (2011). Practice narratives. In M. E. Lamb, D. J. La Rooy, L. C. Malloy, & C. Katz (Hrsg.), Children's testimony: a handbook of psychological research and forensic practice (S. 129–145). Chichester: Wiley.

Roebers, C. M. (2010). Befragung von Kindern im forensischen Kontext. In E. Walther, F. Preckel, S. Mecklenbräuker (Hrsg.), Befragung von Kindern und Jugendlichen (S. 265–295). Göttingen: Hogrefe.

Rohmann, J. A. (2014). Gerichtsvorbereitung sensibler Zeugen. In T. Bliesener & G. Köhnken (Hrsg.), Lehrbuch der Rechtspsychologie (S. 223–243). Göttingen: Hogrefe.

Rohrabaugh, M., London, K., & Hall, A. K. (2016). Planning the forensic interview. In W. T. O'Donohue, M. Fanetti (Hrsg.), Forensic interviews regarding child sexual abuse: A guide to evidence-based practice (S. 197–218). Cham: Springer.

Salisch, M. v., & Kunzmann, U. (2005). Emotionale Entwicklung über die Lebensspanne. In J. Asendorpf (Hrsg.), Soziale, emotionale und Persönlichkeitsentwicklung. Enzyklopädie der Psychologie, Serie Entwicklungspsychologie (Bd. 3, S. 1–73). Göttingen: Hogrefe.

Salmon, K., & Conroy, R. (2009). Emotion and memory in development: Clinical and forensic implications. In J. A. Quas & R. Fivush (Hrsg.), Emotion and memory in development (S. 394–413). New York: Oxford University Press.

Salmon, K., & Pipe, M. E. (2000). Recalling an event one year later: The impact of props, drawing and prior interview. Applied Cognitive Psychology 14, 261–292.

Schacter, D. L., Norman, K. A., & Koutstaal, W. (1998). The cognitive neuroscience of constructive memory. Annual Review of Psychology 49, 289–318.

Scheidegger, A. (2006). Minderjährige als Zeugen und Auskunftspersonen im Strafverfahren. Unter besonderer Berücksichtigung der für das Strafverfahren relevanten psychologischen Aspekte. Dissertation der Rechtswissenschaftlichen Fakultät der Universität Zürich. Zürich: Schulthess.

Schemm, K. v. (2008). Auf der Suche nach dem Missing Link. Frankfurt am Main: Verlag für Polizeiwissenschaft.

Schemm, K. v., & Köhnken, G. (2008). Voreinstellungen und das Testen sozialer Hypothesen im Interview. In R. Volbert, M. Steller (Hrsg.), Handbuch der Psychologie, Band 6: Handbuch der Rechtspsychologie (S. 322–330). Göttingen: Hogrefe.

Schreiber Compo, N., Hyman Gregory, A., & Fisher, R. (2012). Interviewing behaviors in police investigators: A field study of a current US sample. Psychology, Crime an Law 18, 359–375.

Schröttle, M., Hornberg, C., Glammeier, S., Sellach, B., Kavemann, B., Phue, H., & Zinsmeister, J. (2013). Lebenssituation und Belastungen von Frauen mit Beeinträchtigungen und Behinderungen in Deutschland. Langfassung. Ergebnisse der quantitativen Befragung. Berlin: Bundesministerium für Familie, Senioren, Frauen und Jugend.

Schuhrke, B. (1998). Kindliche Körperscham und familiale Schamregeln. Forschung und Praxis der Sexualaufklärung und Familienplanung, Band 11. Köln: BZgA.

Schulz-Hardt, S., & Köhnken, G. (2000). Wie ein Verdacht sich selbst bestätigen kann: Konfirmatorisches Hypothesentesten als Ursache von Falschbeschuldigungen wegen sexuellen Kindesmissbrauchs. Praxis der Rechtspsychologie 10, 60–88.

Schwander, M. (2015). Das Opfer im Strafrecht (2. Aufl.). Bern: Haupt.

Seiler, S. (2005). Strafprozessreform 2004. Ergänzungsband zum Lehrbuch Strafprozessrecht. Wien: WUV.

Sodian, B. (1991). The development of deception in young children. British Journal of Developmental Psychology 9, 173–188.

Spencer, J. R., & Flin, R. (1990). The evidence of children. The law and the psychology (2. Aufl.). London: Blackstone.

Sroufe, L. A. (1996). Emotional development. The organization of emotional life in the early years. Cambridge: Cambridge University Press.

Steller, M. (1998). Aussagepsychologie vor Gericht - Methodik und Probleme von Glaubwürdigkeitsgutachten mit Hinweisen auf die Wormser Missbrauchsprozesse. Recht & Psychiatrie, 16(1), 11–18.

Steller, M. (2000). Forensische Aussagepsychologie als angewandte Entwicklungs- und Kognitionspsychologie – Kritik suggestiver Aufdeckungsarbeit am Beispiel einer kindlichen Zeugin aus den Wormser Massenprozessen. Praxis der Rechtspsychologie 10, 9–27.

Steller, M. (2008). Glaubhaftigkeitsbegutachtung. In R. Volbert & M. Steller (Hrsg.), Handbuch der Rechtspsychologie (S. 300–310). Göttingen: Hogrefe.

Stern, W. (1904). Die Aussage als geistige Leistung und als Verhörsprodukt. In W. Stern (Hrsg.), Beiträge zur Psychologie der Aussage, Bd. 1 (Heft 3). Leipzig: Barth.

Stewart, H., Katz, C., & La Rooy, D. J. (2011). Training forensic interviewers. In M. E. Lamb, D. J. La Rooy, L. C. Malloy, & C. Katz (Hrsg.), Children's testimony: a handbook of psychological research and forensic practice (S. 199–216). Chichester: Wiley.

Strange, D., Garry, M., & Sutherland, R. (2003). Drawing out children's false memories. Applied Cognitive Psychology 17, 607–619.

Sutter, L. (2011). Kinderopfereinvernahme nach Schweizerischer Strafprozessordnung (StPO). Eine Herausforderung im Spannungsfeld zwischen Opferinteressen, Interessen der Strafverfolgung und Beschuldigtenrechten, unter Beachtung rechtlicher und kommunikationspsychologischer Aspekte. Abschlussarbeit im Rahmen des Master of Advanced Studies in Forensics (MAS Forensics) am CCFW der Hochschule Luzern – Wirtschaft.

Swoboda, S. (2002). Videotechnik im Strafverfahren. Berlin: Duncker & Humblot.

Talwar, V., & Crossman, A. M. (2012). Children's lies and their detection: Implications for child witness testimony. Developmental Review 32(4), 337–359. doi:10.1016/j. dr.2012.06.004.

Talwar, V., & Lee, K. (2002). Development of lying to conceal a transgression: Children's control of expressive behaviour during verbal deception. International Journal of Behavioral Development 26, 436–444.

Talwar, V., & Lee, K. (2008). Social and cognitive correlates of children's lying behaviour. Child Development 79, 866–881.

Talwar, V., Gordon, H. M., & Lee, K. (2007). Lying in the elementary school years: Verbal deception and its relation to second-order belief understanding. Developmental Psychology 43, 804–810.

Tobey, A., & Goodman, G. (1992). Children's eyewitness memory: Effects of participation and forensic content. Child abuse and neglect 16, 779–769.

Trankell, A. (1982) (Ed.). Reconstructing the past. The role of psychologists in criminal trials. Stockholm: Norstedts.

Undeutsch, U. (1957). Aussagepsychologie. In A. Ponsold (Hrsg.), Lehrbuch der gerichtlichen Medizin (S. 191–219). Stuttgart: Thieme.

Undeutsch, U. (1967). Beurteilung der Glaubhaftigkeit von Aussagen. In U. Undeutsch (Hrsg.), Handbuch der Psychologie, Bd. 11: Forensische Psychologie (S. 26–181). Göttingen: Hogrefe.

Undeutsch, U. (1982). Die Beurteilung des Realitätsgehalts von Zeugenaussagen. In A. Trankell (Hrsg.), Reconstructing the past. The role of psychologists in criminal trials (S. 27 56). Stockholm: Norstedts.

Vallano, J. P., & Schreiber Compo, N. (2011). A comfortable witness is a good witness: Rapport-building and susceptibility to misinformation in an investigative mock-crime interview. Applied Cognitive Psychology 25(6), 960–970.

Vallano, J. P., Evans, J. R., Schreiber Compo, N., & Kieckhaefer, J. M. (2015). Rapport-building during witness and suspect interviews: A survey of law enforcement. Applied Cognitive Psychology 29(3), 369–380.

Volbert, R. (1997). Suggestibilität kindlicher Zeugen. In M. Steller, R. Volbert (Hrsg.), Psychologie im Strafverfahren (S. 40–62). Bern: Huber.

Volbert, R. (2004). Beurteilung von Aussagen über Traumata. Erinnerungen und ihre psychologische Bewertung. Bern: Huber.

Volbert, R. (2005). Zur Entwicklung von Aussagefähigkeiten. In K.-P. Dahle & R. Volbert (Hrsg.), Entwicklungspsychologische Aspekte der Rechtspsychologie (S. 241–257). Göttingen: Hogrefe.

Volbert, R. (2008). Vorschläge zur Belastungs-reduktion für minderjährige Geschädigte in Strafverfahren aus rechtspsychologischer Sicht. In F. Fastie (Hrsg.), Opferschutz im Strafverfahren (S. 317–329). Opladen & Farmington Hills: Budrich.

Volbert, R. (2010a). Aussagepsychologische Begutachtung. In R. Volbert & K.-P. Dahle, Kompendien Psychologische Diagnostik, Band 12: Forensisch-psychologische Diagnostik im Strafverfahren (S. 18–66). Göttingen: Hogrefe.

Volbert, R. (2010b). Sexualisiertes Verhalten von Kindern – Stellenwert für die Diagnostik eines sexuellen Missbrauchs. In M. Clauß, M. Karle, M. Günter, Gottfried Barth (Hrsg.), Sexuelle Entwicklung – sexuelle Gewalt. Grundlagen forensischer Begutachtung von Kindern und Jugendlichen (2. Aufl., S. 41–65). Lengerich: Papst.

Volbert, R. (2012a). Geschädigte im Strafverfahren: Positive Effekte oder sekundäre Viktimisierung? In S. Barton & R. Kölbel (Hrsg.), Ambivalenzen der Opferzuwendung des Strafrechts (S. 197–212). Baden-Baden: Nomos.

Volbert, R. (2012b). Qualitätssicherung in der Glaubhaftigkeitsbeurteilung. Ein Urteil, methodenkritische Stellungnahmen und andere Versuche. Forensische Psychiatrie, Psychologie und Kriminologie 6, 250–257.

Volbert, R. (2014a). Besonderheiten bei der aussagepsychologischen Begutachtung von Kindern. In T. Bliesener, F. Lösel, G. Köhnken (Hrsg.), Lehrbuch Rechtspsychologie. Bern: Huber.

Volbert, R. (2014b). Sexueller Missbrauch. Wie Pseudoerinnerungen entstehen können. Psychotherapie im Dialog 1, 82–85.

Volbert, R. (2015). Gesprächsführung mit von sexuellem Missbrauch betroffenen Kindern und Jugendlichen. In J.M. Fegert, U. Hoffmann, E. König, J. Niehues & H. Liebhardt (Hrsg.), Sexueller Missbrauch von Kindern und Jugendlichen (S. 185–194). Heidelberg: Springer.

Volbert, R., & Lau. S. (2008). Aussagetüchtigkeit. In R. Volbert, M. Steller (Hrsg.), Handbuch der Rechtspsychologie (S. 289–299). Göttingen: Hogrefe.

Volbert, R., & Pieters, V. (1993). Zur Situation kindlicher Zeugen. Empirische Befunde zu Belastungsursachen und zu Reformmaßnahmen. Reihe Recht, herausgegeben vom Bundesministerium der Justiz. Bonn: Forum Verlag Godesberg.

Volbert, R., & Steller, M. (2014). Is this testimony truthful, fabricated, or based on false memory? Credibility assessment 25 years after Steller and Köhnken (1989). European Psychologist 19, 207–220. doi: 10.1027/1016–9040/a000200.

Volbert, R., Steller, M., & Galow, A. (2010). Das Glaubhaftigkeitsgutachten. In H.-L. Kröber, Dölling, D., Leygraf, N., Sass, H. (Hrsg.), Handbuch der Forensischen Psychiatrie, Band 2: Psychopathologische Grundlagen und Praxis der Forensischen Psychiatrie im Strafrecht (S. 623–689). Darmstadt: Steinkopff Springer.

Walder, H., & Hansjakob, T. (2012). Kriminalistisches Denken (9. Aufl.). Heidelberg: Kriminalistik Verlag.

Walker, A. G. (1993). Questioning young children in court: A linguistic case study. Law and Human Behavior 17, 59–81.

Warren, A. R., & McGough, L. S. (1996). Research on children's suggestibility. In B. L. Bottoms & G. S. Goodman (Hrsg.), International perspectives on child abuse and children's testimony (S. 12–44). Thousand Oaks, CA: Sage.

Warren, A. R., Hulse-Trotter, K., & Tubbs, E. (1991). Inducing resistance to suggestibility in children. Law and Human Behavior 15, 273–285.

Waterman, A. H., Blades, M., & Spencer, C. (2004). Indicating when you do not know the answer: The effect of question format and interviewer knowledge on children's „don't know" responses. British Journal of Developmental Psychology 22(3), 335–348.

Weber, A., & Berresheim, A. (2004). Strukturierte Zeugenvernehmung. Befunde der Evaluationsstudie. Vortrag auf dem Forum KI 2004 des Bundeskriminalamtes Wiesbaden. kiforum2004WeberLangfassung.pdf. Zugegriffen: 18. Oktober 2016.

Weber, A., Berresheim, A., & Capellmann, M. (2011). Die Strukturierte Vernehmung – die Methode für die Praxis der Polizei in NRW. Kriminalistik 65(3), 169–175.

Wegener, H. (1989). Forensische Aussagepsychologie – Grundlagenforschung und Anwendung. In J. Salzgeber, M. Stadler, G. Drechsel & C. Vogel (Hrsg.), Glaubwürdigkeitsbegutachtung. München: Profil.

Weinert, S. (2010). Erfassung sprachlicher Fähigkeiten. In E. Walther, F. Preckel, S. Mecklenbräuker (Hrsg.), Befragung von Kindern und Jugendlichen (S. 227–262). Göttingen: Hogrefe.

Wellman, H. M. (1992). The child's theory of mind. Cambridge, MA: MIT Press.

Wellman, H. M. (2014). Making minds: How theory of mind develops. New York, NY: Oxford University Press.

Wetzels, P. (1997). Zur Epidemiologie physischer und sexueller Gewalterfahrungen in der Kindheit. Ergebnisse einer repräsentativen retrospektiven Prävalenzstudie für die BRD (KFN Forschungsberichte Nr. 59). Hannover: Kriminologisches Forschungsinstitut Niedersachsen e.V. (KFN).

Wimmer, H., & Perner, J. (1983). Beliefs about beliefs: Representation and constraining function of wrong beliefs in young children's understanding of deception. Cognition 13, 103–128.

Wohlers, W. (2005). Aktuelle Fragen des Zeugenschutzes – zur Vereinbarkeit der im

Strafprozessrecht des Kantons Zürich anwendbaren Zeugenschutznormen mit Art. 6 Abs. 3 lit. d EMRK. ZStR 123, 144 ff.

Wolf, P. (1997). Was wissen Kinder und Jugendliche über Gerichtsverhandlungen? Regensburg: Roderer.

Ziegenhain, U. (2004). Sozial-emotionale Entwicklung. In C. Eggers, J. M. Fegert, F. Resch (Hrsg.), Psychiatrie und Psychotherapie des Kindes- und Jugendalters (S. 40–54). Heidelberg: Springer.

Index

Printed in the United States
By Bookmasters